高等职业教育产教融合特色系列教材·汽车类

汽车发动机电控系统检修

主编 黄卫琴 李霖 喻豪

北京理工大学出版社
BEIJING INSTITUTE OF TECHNOLOGY PRESS

内 容 简 介

本书以"能力本位、任务驱动"理念为指导,以"行动导向"的教学思想为主体,将理论知识和技能实践有机地融合在一起,综合考虑高等学校一体化的教学体系,以汽车机电维修岗位发动机电控维修的典型工作任务为内容,以吉利汽车为技术依据,紧扣岗位工作实际与厂家维修标准,采用项目式编写模式,包括 5 个教学模块,18 个教学任务组成。每个工作任务按照任务导入、任务目标、相关知识、任务实施、检验评估 5 个环节编写,分别介绍了汽车发动机电控系统的基础知识、发动机进气控制系统、燃油控制系统、电控点火控制系统、排放控制系统等内容。

本书既有较强的理论性、实践性,又有较强的综合性,可作为高等院校、高职院校汽车检测与维修、汽车制造、汽车电子技术、汽车技术服务与营销等相近专业的通用教材,亦可作为汽车制造、汽车维修、汽车营销等企业的培训教材或参考书。

图书在版编目(CIP)数据

汽车发动机电控系统检修 / 黄卫琴, 李霖, 喻豪主编. -- 北京 : 北京理工大学出版社, 2025.1(2025.2重印).

ISBN 978-7-5763-4662-6

Ⅰ. U472.43

中国国家版本馆 CIP 数据核字第 2025PH7457 号

责任编辑: 多海鹏　　**文案编辑**: 多海鹏
责任校对: 周瑞红　　**责任印制**: 李志强

出版发行 / 北京理工大学出版社有限责任公司
社　　址 / 北京市丰台区四合庄路 6 号
邮　　编 / 100070
电　　话 / (010) 68914026(教材售后服务热线)
　　　　　　　(010) 63726648(课件资源服务热线)
网　　址 / http://www.bitpress.com.cn

版印次 / 2025 年 2 月第 1 版第 2 次印刷
印　　刷 / 三河市天利华印刷装订有限公司
开　　本 / 787 mm×1092 mm　1/16
印　　张 / 12.25
字　　数 / 288 千字
定　　价 / 42.00 元

前　言

本书是根据职业院校学生的教学特点，对接汽车维修工职业标准和岗位需求，参照"1+X"证书制度、汽车专业领域职业技能等级证书、汽车运用与维修职业技能标准中动力与驱动系统性能检测项目培训内容，以提高学习者的职业能力和职业素养为宗旨，倡导以学生为本的教育理念，在进行广泛企业调研的基础上进行编写的，是"课证融通"的新尝试。

本书以"能力本位、任务驱动"理念为指导，以"行动导向"的教学思想为主体，将理论知识和技能实践有机地融合在一起，综合考虑中高职一体化的教学体系，以汽车机电维修岗位发动机电控维修的典型工作任务为内容，以吉利汽车为技术依据，紧扣岗位工作实际与厂家维修标准，采用项目式编写模式，包括5个教学项目、18个教学任务，每个任务按照任务导入、任务目标、相关知识、任务实施、检验与评估5个环节编写。

本书坚持理论与实践统一、知识学习与技能训练一体，贯彻"做中学、学中做"的职教理念，理论学习上做到适度、够用，技能训练上力求满足企业用工需要。在评价方面，坚持过程评价和成果评价相结合、知识评价和技能评价并重，素养、安全评价引导，评价要求明确、直观，可操作性强，可以很好地调动学生的学习积极性。

建议教学方法为：创建汽车维修工作站、模拟企业工作环境，以解决维修案例为主线，同时搭建信息化教学平台，构建网络学习资源，实施线上线下结合的教学方式，将发动机电控系统结构、工作原理、故障诊断与检修方法等渗透到各项目和任务中，以完成任务展开学习，边学边做任务。在教学过程中，体现教师引导、学生训练为主的现代职业教育理念，在培养学生专业技能的同时，全过程渗透职业核心能力的训练，以问题解决能力为目标，培养学生的工作能力。

由于编者水平有限，书中难免存在疏漏和不足，恳请使用本书的师生和广大读者批评指正，以便修订时改进。

编　者

目　录

项目 1　汽车发动机电控系统认知

项目描述

有一辆吉利博越汽车，发动机发生了故障，入厂进行维修，技术经理安排你对这辆汽车进行检查，诊断出故障点。

项目解析

要完成汽车发动机电控系统的各项检修工作，首先，必须了解发动机电控系统的组成、工作原理，找出发动机电控系统组成部件的位置，对其外观进行检测，排除部件的物理故障；若发动机存在故障，但故障指示灯不亮，要考虑是否是发动机控制系统 ECU 不工作，需要了解发动机控制单元的结构原理、功能，排除故障指示灯不亮或发动机控制系统 ECU 不工作引起的故障；为更加迅速准确地找出故障点，需要了解发动机自诊断系统的原理，掌握自诊断系统的测试方法，借助诊断设备诊断发动机故障。

任务 1.1 发动机电控系统部件物理故障检查与排除

任务导入

有一辆吉利博越汽车，发动机发生了故障，入厂进行维修，技术经理安排你对这辆汽车进行检查，诊断出故障点。请你对该车发动机电控系统进行了解，并找出发动机电控元件的安装位置，初步观察其外观是否良好，有无物理故障。

任务目标

※**知识目标**

1. 了解汽车发动机的发展趋势和电控发动机的优势。

2. 能熟练描述汽车各个控制系统的位置及组成，了解其原理。

3. 能准确描述发动机电控系统各传感器与执行器的作用及安装位置。

※**能力目标**

1. 能通过与客户交流及查阅相关维修技术资料等方式获取车辆信息。

2. 能对发动机电控系统各个部件进行外观检查，并排除物理故障。

3. 能准确找出发动机电控系统每一个传感器与执行器的安装位置。

※**素养目标**

1. 培养爱岗敬业、精益求精的工匠精神。

2. 具有良好的沟通能力和团队协作能力。

3. 具有强烈的责任心和社会责任感，能根据环保要求，正确处理对环境和人体有害的辅料、废气、废液和已损坏的零部件。

相关知识

一、汽车电子控制技术对发动机性能的影响

随着汽车技术和电子技术的发展，汽车电子控制技术也得到了迅速发展。如今，发动机电子控制技术已经发展到集燃油喷射、点火控制、怠速控制、进气控制、增压控制、排放控制、防盗控制、失效保护控制以及诊断、数据通信等多项控制为一体的发动机管理系

统，简称 EMS（Engine Management System）。

得益于电子控制技术的迅猛发展，现代汽车无论是在动力性、经济性还是舒适环保性等方面，电子控制技术对其都有很重要的影响，主要表现在以下几点：

1. 提高了发动机的动力性

电控发动机进气控制系统的应用，减小了进气阻力，提高了充气效率，从而使进入气缸的空气得到了充分利用，提高了发动机的动力性。

2. 提高了发动机的经济性

在各种运行工况和运行环境下，电控系统均能精确控制发动机工作所需的混合气浓度，使混合气燃烧更完全、燃油利用更充分，从而提高发动机的燃油经济性。

3. 降低了排放污染

电控系统对发动机在各种运行工况和运行环境下进行优化控制，提高了燃烧质量，同时各种排放控制系统在汽车上的应用都使发动机的排放污染大大降低。

4. 改善了发动机的加速和减速性能

在加速或减速运行的过渡工况下，电控单元的高速处理功能，使控制系统能迅速响应，汽车加速或减速反应更灵敏。

5. 改善发动机的起动性能

在发动机起动和暖机过程中，控制系统能根据发动机温度变化，对进气量和供油量进行精确控制，从而保证发动机顺利起动和平稳度过暖机过程，可明显改善发动机的低温起动性能和热机运转性能。

此外，电控系统对发动机各种运行工况的优化控制和电控系统的不断完善，使发动机的故障发生率大大降低。自我诊断与报警系统的应用，提高了故障诊断的速度和准确性，缩短了汽车因发动机故障而停驶的时间，具有良好的社会效益和经济效益。

二、汽油发动机电控系统的总体认识

1. 汽油发动机电控系统的主要控制内容

汽油发动机电控系统按照控制内容的不同可分为进气控制系统、电控燃油喷射系统、电控点火控制系统、排放控制系统和自诊断系统等。

（1）进气控制系统（Intake System，IS）

进气控制系统的功能是根据发动机转速和负荷的变化，对发动机的进气量进行控制，以提高发动机的充气效率，从而改善发动机的动力性能，其组成如图 1-1-1 所示。

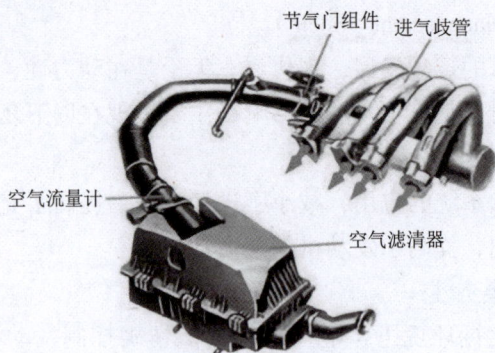

图 1-1-1　进气控制系统组成

　　进气控制系统中还有怠速控制系统，是发动机的辅助控制系统，其功能是在发动机怠速工况下，根据发动机冷却液的温度及空调压缩机是否工作、变速器是否挂入挡位等，通过怠速控制阀或电子节气门对发动机的进气量进行控制，使发动机随时以最佳怠速转速运转。

　　（2）电控燃油喷射系统（Electronic Fuel Injection，EFI）

　　电控燃油喷射系统主要根据进气量确定基本的喷油量，再根据其他传感器（如冷却液温度传感器、节气门位置传感器等）信号对喷油量进行修正，使发动机在各种运行工况下均能获得最佳浓度的混合气，从而提高发动机的动力、经济性能，降低排放。除喷油量控制外，电控燃油喷射系统还包括喷油正时控制、断油控制与燃油泵控制，其结构如图 1-1-2 所示。

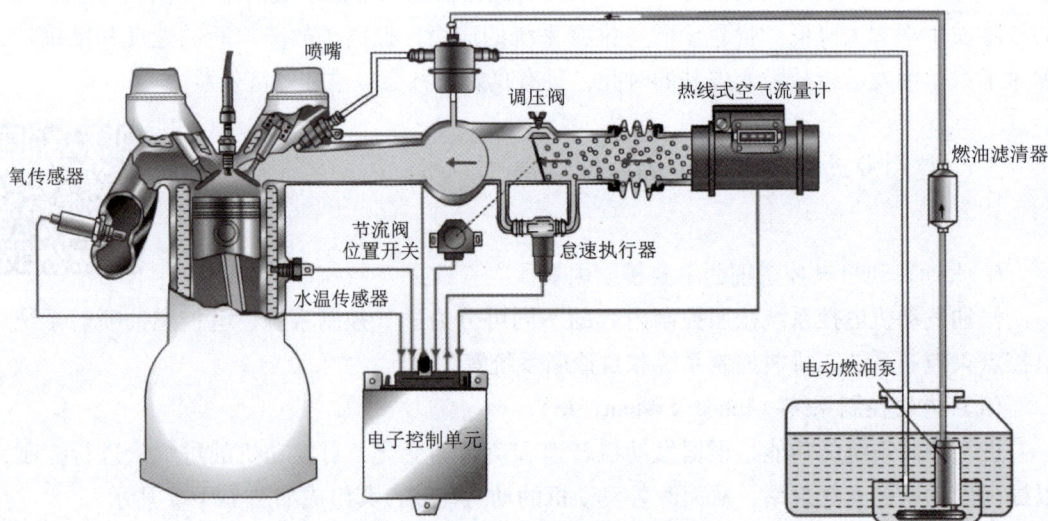

图 1-1-2　电控燃油喷射系统的结构

　　（3）电控点火控制系统（Electronic Spark Advance，ESA）

　　电控点火系统的功能是点火提前角控制。该系统根据各种相关传感器信号，判断发动机的运行工况与运行条件，选择最理想的点火提前角点燃混合气，从而改善发动机的燃烧过程，以实现提高发动机动力、经济性能与降低排放污染的目的。此外，电控点火系统还

具有通电时间控制和爆燃控制功能，其结构如图 1-1-3 所示。

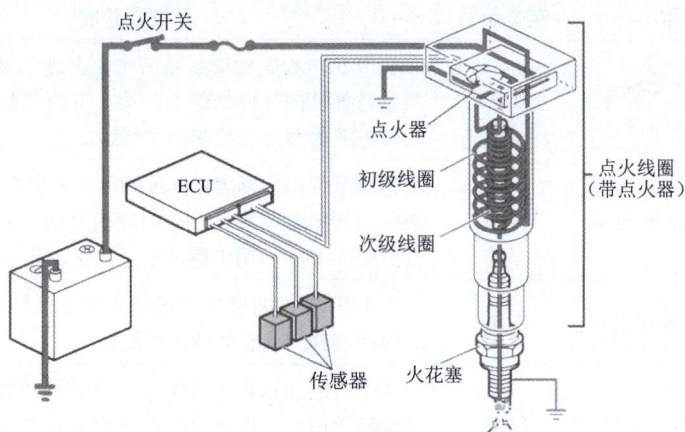

图 1-1-3　电控点火控制系统结构

（4）排放控制系统（Automobile Emission Control，AEC）

排放控制系统的主要功能是对发动机排放控制装置的工作实行电子控制。排放控制的项目包括废气再循环控制（Exhaust Gas Recirculation，EGR）、燃油蒸发排放控制（Evaporation Control，EVAP）、氧传感器及三元催化转化器控制（Three-Way Catalytic Converter，TWC）、二次空气喷射控制等。

（5）自诊断系统（On-Board Diagnostics，OBD）

自诊断系统可实时监控汽车电控系统的运行情况，当系统出现故障时，发动机故障灯点亮，同时 ECU 将故障信息存入存储器，通过诊断仪可读出故障码信息，维修人员能迅速、准确地确定故障的性质和部位。

2. 汽油发动机电控系统的组成及控制方式

汽油发动机电控系统主要由信号输入装置、电控单元 ECU 和执行器三大部分组成，其控制方式根据是否具有反馈信号可分为开环控制和闭环控制。

（1）组成

本部分主要讲述信号输入装置和执行器，电控单元 ECU 在后面讲述。

1）信号输入装置。

信号输入装置包括各种传感器和开关，安装在发动机的各个部位，其功用是采集电控系统所需的信息，并将其转换成电信号输送给 ECU。汽油发动机常见传感器及其主要功能见表 1-1-1。

表 1-1-1　汽油发动机常见传感器及其主要功能

序号	类型	英文缩写	主要功能
1	空气流量计	MAFS	在 L 型电控燃油喷射系统中，由空气流量传感器测量发动机的进气量，并将信号输入 ECU，作为燃油喷射和点火控制的主控制信号

序号	类型	英文缩写	主要功能
2	进气管绝对压力传感器	MAPS	在 D 型电控燃油喷射系统中，由进气管绝对压力传感器测量进气管内气体的绝对压力，并将该信号输入 ECU，作为燃油喷射和点火控制的主控制信号
3	节气门位置传感器	TPS	检测节气门的开度及开度变化，如全关（怠速）、全开及节气门开闭的速率（单位时间内开闭的角度）信号，将此信号输入 ECU，用于燃油喷射控制及其他辅助控制
4	凸轮轴位置传感器	CMPS	给 ECU 提供曲转角基准位置信号（G 信号），作为喷油正时控制和点火正时的主控信号
5	曲轴位置传感器	CKPS	用来检测曲轴转角位移，给 ECU 提供发动机转速信号和曲轴转角信号，作为喷油正式控制和点火正时控制的主控信号
6	进气温度传感器	IATS	给 ECU 提供进气温度信号，作为燃油喷射控制和点火控制的修正信号
7	冷却液温度传感器	ECTS	给 ECU 提供发动机冷却液温度信号，作为燃油喷射控制和点火控制的修正信号。冷却液温度传感器信号也是其他控制系统（如怠速控制和废气再循环控制等）的控制信号
8	车速传感器	VSS	检测车的行驶速度，给 ECU 提供车速信号，用于巡航控制和限速断油控制，也是自动变速器的主控制信号
9	氧气传感器	O_2S	检测排气中的氧含量，向 ECU 输送空燃比的反馈信号，进行喷油量的闭环控制
10	爆燃传感器	KS	检测汽油机是否爆燃及爆燃强度，将此信号输入 ECU，作为点火正时控制的修正（反馈）信号

知识链接

随着控制功能的扩展，输入信号也不断增加。发动机集中控制系统所用的传感器及输入信号有很多都是相同的，也就是说，在发动机集中控制系统中，可以减少传感器数目，即一个传感器或一个输入信号可以多次重复使用，作为几个控制系统的输入信号。

延伸阅读

作为汽车的"神经元"及"五官"，车用传感器广泛应用于动力总成、底盘、车身系统等，受益于新能源汽车、自动驾驶技术的爆发式增长，传感器在汽车领域的渗透率正在快速提高。早年，中国的传感器市场主要由国外巨头垄断，近年来，国内传感器产业涌现出一批龙头企业，它们依靠自研技术，打破国外垄断，在市场上赢得一席之地。

2）执行器。

执行器是电控系统中的执行机构，供用户接收 ECU 的指令，完成具体控制动作，常见的执行器见表 1-1-2。

表 1-1-2　发动机电控系统主要执行器

序号	类型	英文缩写	主要功能
1	喷油器	INJ	根据 ECU 的喷油脉冲信号，精确计算燃油喷射量
2	点火器	ICM	根据 ECU 的脉冲信号，控制点火
3	怠速控制阀	ISCV	控制发动机怠速转速
4	节气门控制电动机	CCSV	根据 ECU 控制节气门开度
5	废气循环阀	EGRV	根据 ECU 控制废气再循环量
6	进气控制阀	IACV	根据 ECU 控制进气系统工作
7	活性炭罐电磁阀	ACCV	回收油箱内部的燃油蒸气，减少污染
8	电动汽油泵	FP	供给燃油喷射系统规定压力的燃油
9	真空电磁阀	VSV	根据 ECU 控制真空管路通断
10	二次空气喷射电磁阀	SAIV	根据 ECU 脉冲信号控制二次空气喷射量

（3）控制方式

1）开环控制。

当发动机工作时，ECU 根据传感器的信号对执行器进行控制，而对控制的结果是否达到预期目标无法做出分析，即控制的结果对控制过程没有影响，这种控制方式称为开环控制。开环控制方式比较简单但精度较差。

2）闭环控制。

发动机电控系统的闭环控制系统除具有开环控制的功能外，还对其控制结果进行检测，并将检测结果（即反馈信号）输入 ECU，ECU 则根据反馈信号误差进行修正，如图 1-1-4 所示，所以闭环控制系统的控制精度比开环控制系统更高。在汽车发动机电控系统中，怠速控制、空燃比反馈控制和爆燃控制等都采用了闭环控制方式。

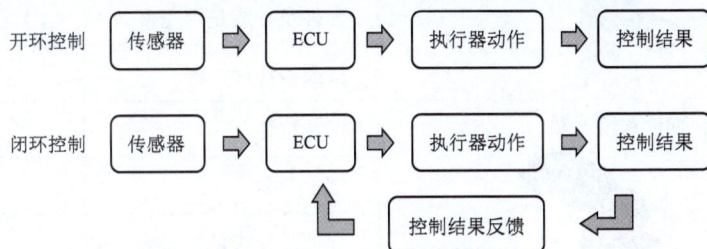

图 1-1-4　开环控制和闭环控制

任务实施

本任务以吉利博越发动机为例，要求学生就车观察发动机电控系统各个组成部分，找出所有的传感器与执行器，并做外观检查，查看其是否具有明显的物理损坏情况。

<table>
<tr><td colspan="4" align="center">任务 1.1　发动机电控系统认知</td></tr>
<tr><td>姓名：</td><td>班级：</td><td>学号：</td><td>日期：</td></tr>
</table>

准备工作	车辆信息			
	品牌：	整车型号：	车辆识别代码：	发动机型号：
	工具耗材准备：			
	制订检修计划及组员分工：			

检修流程	一、发动机电控系统传感器外观的检查		
	1. 进气压力温度传感器	安装位置	
		端子个数	
		元件及导线是否完整	
		接插器连接情况	
	2. 进气凸轮轴位置传感器	安装位置	
		端子个数	
		元件及导线是否完整	
		接插器连接情况	
	3. 排气凸轮轴位置传感器	安装位置	
		端子个数	
		元件及导线是否完整	
		接插器连接情况	
	4. 氧传感器	安装位置	
		端子个数	
		元件及导线是否完整	
		接插器连接情况	

续表

检修流程	一、发动机电控系统传感器外观的检查		
	5. 节气门位置传感器与节气门体	安装位置	
		端子个数	
		元件及导线是否完整	
		接插器连接情况	
	6. 曲轴位置传感器	安装位置	
		端子个数	
		元件及导线是否完整	
		接插器连接情况	
	7. 爆燃传感器	安装位置	
		端子个数	
		元件及导线是否完整	
		接插器连接情况	
	8. 水温传感器	安装位置	
		端子个数	
		元件及导线是否完整	
		接插器连接情况	
	9. 油轨压力传感器	安装位置	
		端子个数	
		元件及导线是否完整	
		接插器连接情况	
	10. 低压油压传感器	安装位置	
		端子个数	
		元件及导线是否完整	
		接插器连接情况	
	二、发动机电控系统执行器外观的检查		
	1. 喷油器	安装位置	
		端子个数	
		元件及导线是否完整	
		接插器连接情况	

检修流程	二、发动机电控系统执行器外观的检查		
	2. 燃油泵	安装位置	
		端子个数	
		元件及导线是否完整	
		接插器连接情况	
	3. 活性炭罐电磁阀	安装位置	
		端子个数	
		元件及导线是否完整	
		接插器连接情况	
	4. 进气可变气门正时阀	安装位置	
		端子个数	
		元件及导线是否完整	
		接插器连接情况	
	5. 排气可变气门正时阀	安装位置	
		端子个数	
		元件及导线是否完整	
		接插器连接情况	
	6. 点火模块	安装位置	
		端子个数	
		元件及导线是否完整	
		接插器连接情况	
	7. 高压油泵电磁阀	安装位置	
		端子个数	
		元件及导线是否完整	
		接插器连接情况	
	三、异常部件记录		

检验与评估

<table>
<tr><td colspan="9" align="center">发动机电控系统认知评价表</td></tr>
<tr><td colspan="3">姓名：</td><td colspan="3">班级：</td><td colspan="3">学号：</td></tr>
<tr><td colspan="4">自评：□合格　□不合格</td><td colspan="5">师评：□合格　□不合格</td></tr>
<tr><td colspan="4">互评：□合格　□不合格</td><td colspan="5">日期：</td></tr>
<tr><td colspan="9" align="center">发动机电控系统认知评分细则</td></tr>
<tr><td>序号</td><td>评分项</td><td>得分条件</td><td>分值</td><td>评分要求</td><td>自评</td><td>互评</td><td>师评</td></tr>
<tr><td>1</td><td>专业知识</td><td>□1. 能描述汽车发动机各个电控系统的组成
□2. 能描述汽车发动机各个电控系统的功能
□3. 能描述汽车发动机各个电控系统的位置
□4. 能描述各个传感器的作用及安装位置
□5. 能描述各个执行器的作用及安装位置</td><td>30</td><td>未完成 1 项扣 8 分，扣分不得超过 30 分</td><td></td><td></td><td></td></tr>
<tr><td>2</td><td>专业技能能力</td><td>□1. 车辆安全防护、基本信息登记
□2. 设备和工具的安全检查
□3. 车辆安全防护操作
□4. 车辆油、水、电的基本检查
□5. 车辆仪表的检查
□6. 进气歧管绝对压力与温度传感器外观的检查
□7. 凸轮轴位置传感器外观的检查
□8. 氧传感器外观的检查
□9. 节气门位置传感器与节气门体外观的检查
□10. 曲轴位置传感器外观的检查
□11. 爆燃传感器外观的检查
□12. 水温传感器外观的检查
□13. 加速踏板位置传感器外观的检查
□14. 喷油器外观的检查
□15. 燃油泵外观的检查
□16. 活性炭罐电磁阀外观的检查
□17. 进气可变气门正时阀外观的检查
□18. 排气可变气门正时阀外观的检查
□19. 点火器与点火线圈外观的检查
□20. 发动机电控单元外观的检查</td><td>60</td><td>未完成 1 项扣 4 分，扣分不得超过 60 分</td><td></td><td></td><td></td></tr>
</table>

序号	评分项	得分条件	分值	评分要求	自评	互评	师评
3	安全与素养	□1. 能积极主动参与学习 □2. 能与小组成员分工合作，不影响学习进度 □3. 能独立查阅资料 □4. 能独立规范操作 □5. 能进行三不落地操作 □6. 能进行工具清洁、校准、存放操作 □7. 能进行工位 7S 操作	10	未完成 1 项扣 2 分，扣分不得超过 10 分			
合计			100				

任务 1.2 发动机控制系统 ECU 不工作故障检修

任务导入

有一辆吉利博越汽车，发动机发生了故障，入厂进行维修，技术经理经过检查发现发动机故障指示灯不亮，怀疑是发动机控制系统（ECU）不工作，经理安排你对这辆车进行检查，诊断出故障点。请你对该车发动机电控单元和电源电路的控制原理及控制过程进行了解，就车找到 ECU 及控制电路和相关器件，观察、判断其物理状况，并对 ECU 电源电路进行检修。

任务目标

※知识目标

1. 能描述 ECU 的组成及工作过程。

2. 能阐述 ECU 常电源、开关电源、工作电源电路的工作过程。

※能力目标

1. 能通过与客户交流、查阅相关维修技术资料等方式获取车辆信息。

2. 能准确找出发动机 ECU，并对 ECU 进行正确的拆卸。

3. 能对 ECU 的电源及搭铁电路进行检测，正确记录、分析检测结果，并做出故障判断。

4. 能对 ECU 电源电路或器件进行维修更换作业，并能对发动机进行性能测试，检查和评估修复质量。

※素养目标

1. 培养爱岗敬业、精益求精的工匠精神。

2. 具有良好的沟通能力和团队协作能力。

3. 具有强烈的责任心和社会责任感，能根据环保要求，正确处理对环境与人体有害的辅料、废气、废液和已损坏的零部件。

相关知识

一、ECU 的功能

电子控制单元 ECU（Electronic Control Unit），通常称为车载 ECU，是以单片机为核心而组成的电子控制装置，具有很强的数学运算与逻辑判断功能，是汽车电子控制系统的控制中心。

ECU 就像人的大脑一样，接收各种传感器输出的发动机工况信号，根据 ECU 内部预先编制的控制程序与存储的试验数据，通过数学计算与逻辑判定确定适应发动机工况的点火提前角和喷油时间等参数，并将这些数据转变为电信号控制各种执行元件动作，从而使发动机保持最佳运行状态。

ECU 还具有故障自诊断功能。它在对发动机运行状态实施最佳控制时，还对部分传感器传输的信号进行监测与鉴别，当发现某个传感器传输的信号超出规定值范围时，ECU 将判定该传感器或相关线路发生故障，并将故障信息编成代码存在存储器中，以便维修时调用。

二、ECU 的组成

ECU 主要由输入回路、单片机与输出回路三部分组成，如图 1-2-1 所示，每一部分又包含其他组成部件，如表 1-2-1 所示。输入回路、输出回路与单片机一起制作在一个金属盒内，固定在车内不易受到碰撞的部位。

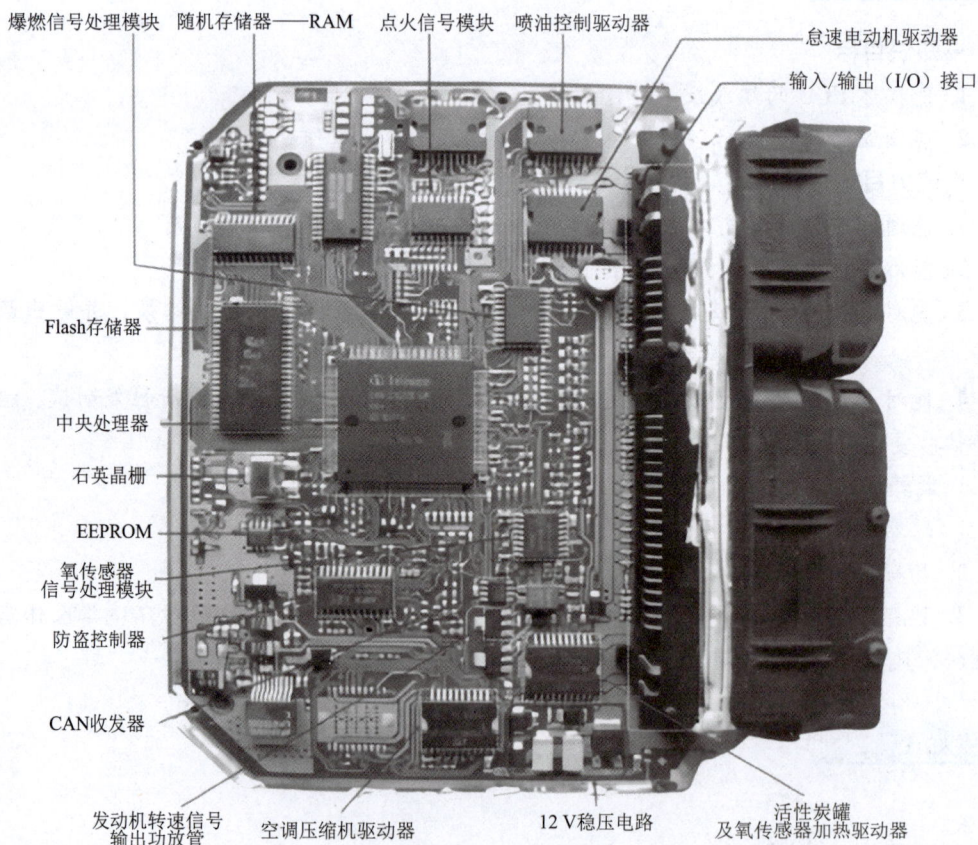

图 1-2-1　ECU 内部结构

表 1-2-1　ECU 组成

ECU 三大部分	具体组成	作用
输入回路	A/D 转换器	将模拟信号转换为数字信号，或将数字信号转换为模拟信号
	缓冲器	对部分微机不能接收的数字信号进行预处理，以便微机能够接收这些数字信号
单片机	中央处理器（CPU）	用于实现数学运算和逻辑运算
	存储器（Memory） ①只读存储器（ROM） ②随机存储器（RAM）	存储器：用于存储程序指令和数据。 只读存储器：用于长期存储发动机控制指令的数据。 随机存储器：用于存储传感器信号和暂时计算出来的控制指令
	输入/输出（I/O）接口	与传感器或执行器之间进行数据交换和下达控制指令的通道
	总线（BUS）	微机内部传递信息的电路连线，在单片机内部，CPU、ROM、RAM 与 I/O 接口之间的信息交换都是通过总线来实现的
输出回路	—	根据微机发出的指令，控制执行器动作

三、ECU 的工作过程

发动机起动时，ECU 进入工作状态，某些运行程序或操作指令从 ROM 中调入 CPU，这些程序可以控制燃油喷射量、点火时刻、怠速转速等。在 CPU 的控制下，一个个指令按照预先编制的程序有条不紊地进行循环。在程序运行过程中，所需要的发动机工况信息由各种传感器提供。

下一步是将预先存储在 ROM 中的最佳试验数据引入 CPU，将传感器输入的信息与其进行比较。CPU 将来自传感器的各种信息依次取样，与最佳试验数据进行逻辑运算，通过比较判定结果，并发出指令信号，经 I/O 接口电路和输出回路控制执行器动作，如图 1-2-2 所示。如果是喷油器驱动信号，则控制喷油器开始时刻和喷油持续时间，完成控制喷油功能；如果是点火装置驱动信号，则控制点火闭合角和点火时刻，完成控制点火功能。如果执行器需要线性电流来驱动，则单片机通过调节占空比来控制输出回路的导通与截止，使流过执行器电磁线圈的平均电流线性增大或减小。

发动机工作时，微机运行速度相当快，如点火正时控制，每秒可以修正上百次，因此控制精度很高，点火时刻十分准确。

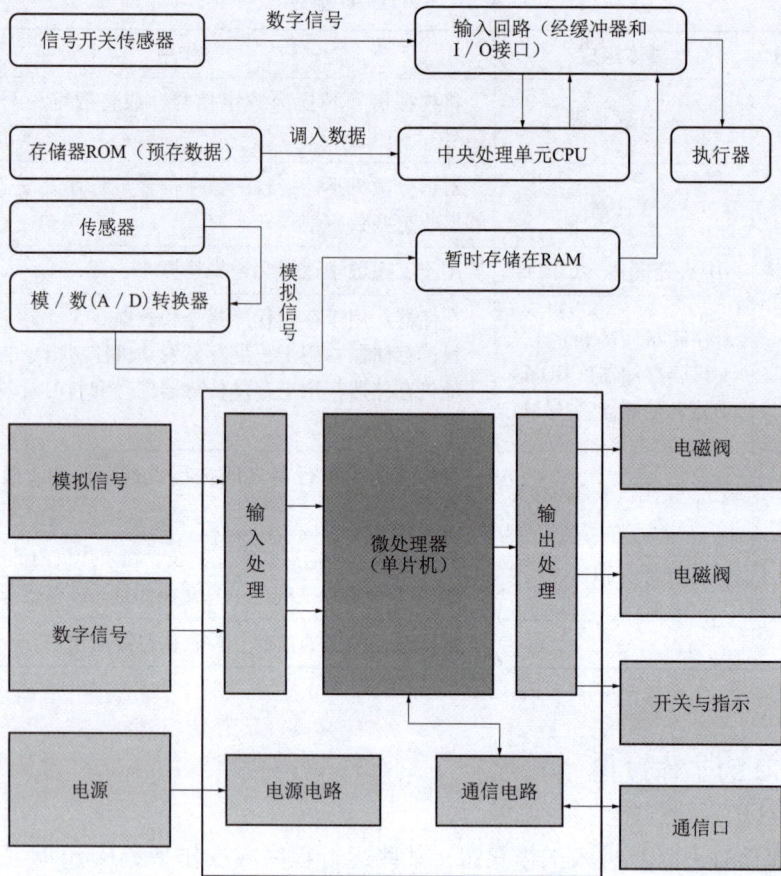

图 1-2-2　ECU 工作过程

四、ECU 的供电电路

供电电路是 ECU 正常工作的基础。ECU 的供电电路包括电源和搭铁电路，更换 ECU 前必须确定其电源和搭铁是否正常。另外，传感器也需要 ECU 为其提供稳定的电源。

1. 12 V 电源和搭铁电路

ECU 的电源电路主要有三种，即常电源、点火开关供电电源和主继电器供电电源，三种电源的作用是不一样的。ECU 的搭铁线一般不止一根，它们一起通过车身搭铁。图 1-2-3 所示为 JLH_3G15TD 发动机 ECU 的相关电路。

（1）常电源

由蓄电池直接供电的常电源线，点火开关关闭后依然有电，作为 ECU 的工作电源。ECU 的内部存储器由常电源供电，因此即使关闭点火开关，ECU 存储的故障码、学习值等也不会丢失。JLH_3G15TD 发动机 ECU 的常电源为 CA21c 插头的 30 号端子。

（2）点火开关供电电源

经过点火开关"ON"挡的电源，是 ECU 的工作电源，也是信号线。打开点火开关

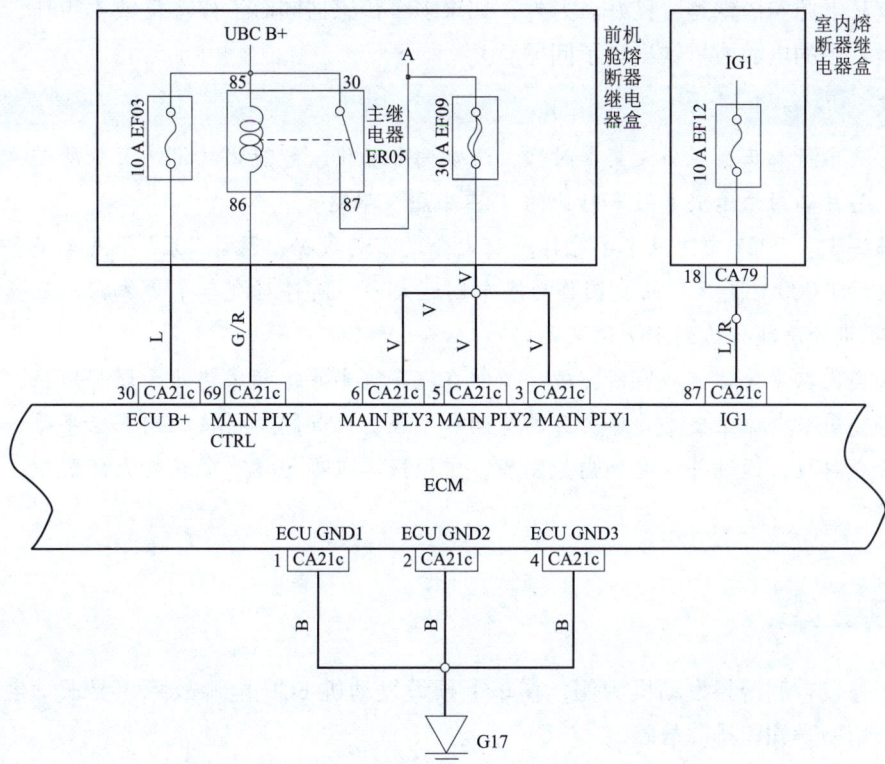

图 1-2-3　JLH_3G15TD 发动机 ECU 的相关电路

时，ECU 会控制主继电器和油泵继电器工作。3G15TD 发动机 ECU 的点火开关供电电源是 CA21c 插头的 87 号端子。

（3）主继电器供电电源

打开点火开关时，ECU 会控制主继电器工作，主继电器触点闭合，给发动机管理系统的执行器供电（例如喷油器、点火线圈、EVAP 电磁阀等），同时给 ECU 提供一个电源信号。一般情况下，ECU 即使接收不到该电源信号也是可以令发动机正常工作的。3G15TD 发动机 ECU 的主继电器供电电源是 CA21c 插头的 3、5、6 号端子。

（4）ECM 搭铁

只有在电源和搭铁都正常的情况下，ECU 才能正常工作。3G15TD 发动机 ECU 的搭铁线路是 CA21c 插头的 1、2、4 号端子，三根线合在一起通过 G17 搭铁。

二、5 V 参考电源和参考搭铁

为防止发动机控制系统的传感器受外界电压变化的影响，ECU 给传感器提供稳定的 5 V 参考电源和参考搭铁。因为发动机系统内有很多传感器，所以多个传感器通常共用一个 5 V 参考电源，或共用一个参考搭铁。另外，ECU 提供的 5 V 参考电源可能不止一个，参考搭铁也是如此。

ECU 电源和搭铁的种类及作用，对诊断 ECU 的故障至关重要，特别是更换 ECU 时，必须检查其电源和搭铁是否良好。另外，如果多个传感器同时工作不良或不工作，则需考虑是否是共用的电源或搭铁出现了问题。

延伸阅读

目前汽车行业正在经历大变革时代，汽车向电动化、智能化转化是大势所趋，而在疫情期间，芯片的短缺造成了汽车行业的"芯片荒"难题。

根据海思在 2021 中国汽车半导体产业大会发布的数据，预计 2027 年汽车半导体市场总额将接近 1 000 亿美元。而我国作为汽车制造大国，同样对汽车半导体需求旺盛，预计到 2025 年市场总额将达到 137 亿美元。

目前国内在半导体领域有所突破，虽然在汽车级半导体领域仍处于弱势地位，但随着国内上市公司对全球主要半导体企业的收购和整合，比如闻泰科技收购安世半导、韦尔股份收购豪威科技，通过并购叠加内生发展，中国汽车级半导体有望获得大的突破，逐步实现进口替代。

任务实施

本任务以吉利博越发动机为例，在车上预设发动机 ECU 电源故障，要求学生就车检查，并利用所学知识排除故障。

任务 1.2　发动机 ECU 电源搭铁电路检修					
姓名：		班级：		学号：	日期：
准备工作	车辆信息记录：				
	品牌：	整车型号：		车辆识别代码：	发动机型号：
	检测工具耗材准备：				
	制订检修计划及组员分工：				
检修过程	第一步：发动机 ECU 外观的检查				
	发动机 ECU	安装位置			
		元件及导线是否完整			
		接插器连接情况			
		接插器 EN01d 端子数量			
		接插器 CA21c 端子数量			

<table>
<tr><td rowspan="30">检修过程</td><td colspan="5">第二步：发动机 ECU 常供电电路及熔断器检测</td></tr>
<tr><td>检测端子</td><td>检测条件</td><td>标准值</td><td>测量值</td><td>结果分析</td></tr>
<tr><td></td><td></td><td></td><td></td><td>正常□ 异常□</td></tr>
<tr><td></td><td></td><td></td><td></td><td>正常□ 异常□</td></tr>
<tr><td colspan="5">第三步：发动机 ECU 点火开关供电电路及熔断器检测</td></tr>
<tr><td>检测端子</td><td>检测条件</td><td>标准值</td><td>测量值</td><td>结果分析</td></tr>
<tr><td></td><td></td><td></td><td></td><td>正常□ 异常□</td></tr>
<tr><td></td><td></td><td></td><td></td><td>正常□ 异常□</td></tr>
<tr><td colspan="5">第四步：主继电器供电电路及熔断器检测</td></tr>
<tr><td>检测端子</td><td>检测条件</td><td>标准值</td><td>测量值</td><td>结果分析</td></tr>
<tr><td></td><td></td><td></td><td></td><td>正常□ 异常□</td></tr>
<tr><td></td><td></td><td></td><td></td><td>正常□ 异常□</td></tr>
<tr><td></td><td></td><td></td><td></td><td>正常□ 异常□</td></tr>
<tr><td></td><td></td><td></td><td></td><td>正常□ 异常□</td></tr>
<tr><td colspan="5">第五步：主继电器检测</td></tr>
<tr><td>检测端子</td><td>检测条件</td><td>标准值</td><td>测量值</td><td>结果分析</td></tr>
<tr><td>85-86</td><td></td><td></td><td></td><td>正常□ 异常□</td></tr>
<tr><td>30-87</td><td>85-86 接蓄电池电压</td><td></td><td></td><td>正常□ 异常□</td></tr>
<tr><td colspan="5">第六步：主继电器相关电路检测</td></tr>
<tr><td>检测端子</td><td>检测条件</td><td>标准值</td><td>测量值</td><td>结果分析</td></tr>
<tr><td></td><td></td><td></td><td></td><td>正常□ 异常□</td></tr>
<tr><td></td><td></td><td></td><td></td><td>正常□ 异常□</td></tr>
<tr><td></td><td></td><td></td><td></td><td>正常□ 异常□</td></tr>
<tr><td colspan="5">第七步：发动机 ECU 搭铁电路检测</td></tr>
<tr><td>检测端子</td><td>检测条件</td><td>标准值</td><td>测量值</td><td>结果分析</td></tr>
<tr><td></td><td></td><td></td><td></td><td>正常□ 异常□</td></tr>
<tr><td></td><td></td><td></td><td></td><td>正常□ 异常□</td></tr>
<tr><td></td><td></td><td></td><td></td><td>正常□ 异常□</td></tr>
<tr><td colspan="5">第八步：故障结论和分析</td></tr>
<tr><td colspan="2">元件损坏名称：</td><td colspan="3">维修建议：□更换　□维修　□调整</td></tr>
<tr><td colspan="2">线路故障区间：</td><td colspan="3">维修建议：□更换　□维修　□调整</td></tr>
<tr><td colspan="2">其他：</td><td colspan="3"></td></tr>
</table>

检验与评估

发动机 ECU 电源搭铁电路检修评价表							
姓名：		班级：			学号：		
自评：□熟练　□不熟练					师评：□合格　□不合格		
互评：□熟练　□不熟练					日期：		
发动机 ECU 电源搭铁电路检修评分细则							
序号	评分项	得分条件	分值	评分要求	自评	互评	师评
1	专业知识	□1. 能描述 ECU 的组成 □2. 能描述 ECU 的工作过程 □3. 能描述 ECU 常供电的工作过程 □4. 能描述 ECU 点火开关供电的工作过程 □5. 能描述 ECU 主继电器供电的工作过程	40	未完成 1 项扣 8 分，扣分不得超过 40 分			
2	专业技能能力	□1. 车辆安全防护、基本信息登记 □2. 车辆油、水、电的基本检查 □3. 发动机 ECU 外观的检查 □4. 发动机 ECU 搭铁电路的检测 □5. 发动机 ECU 常供电电路的检测 □6. 发动机 ECU 点火开关供电电路的检测 □7. 发动机 ECU 主继电器供电电路的检测 □8. 主继电器的检测	50	未完成 1 项扣 8 分，扣分不得超过 50 分			
3	安全与素养	□1. 能积极主动参与学习 □2. 能与小组成员分工合作，不影响学习进度 □3. 能独立查阅资料 □4. 能独立、规范操作 □5. 能进行工具清洁、校准、存放操作 □6. 能正确使用维修、检验工具 □7. 能进行三不落地操作	10	未完成 1 项扣 2 分，扣分不得超过 10 分			
合计			100				

任务1.3 汽车诊断仪的使用

任务导入

有一辆吉利博越汽车，发动机发生了故障，入厂进行维修，技术经理经过检查发现发动机故障指示灯常亮，需要使用汽车诊断仪进行进一步检查。技术经理要求先掌握汽车诊断仪的使用方法，以便为维修工作奠定基础。

任务目标

※知识目标

1. 能描述随车自诊断系统的功能和基本原理。
2. 能描述汽车故障码的含义。
3. 能描述汽车诊断仪的种类和功能。

※能力目标

1. 能使用汽车诊断仪读取和清除故障码。
2. 能使用诊断仪完成数据流读取、波形检测和执行器测试等操作。

※素养目标

1. 具备独立进行资料信息查询的能力。
2. 具备一定的比较、分析和判断的能力。
3. 养成严谨的工作态度。

相关知识

一、认识随车诊断系统

随车诊断系统（On Board Diagnostics，OBD）是集成在ECU内部的诊断系统。

随车诊断系统主要由ECU中的部分软件和故障指示灯组成。电控系统工作时，随车诊断系统对电控系统各种输入、输出信号进行监测，并运用程序进行推理、判断，将结果迅速反馈到主控系统，改变控制状态。此外，其还可根据诊断结果控制故障指示灯工作。

1. 随车诊断系统的功能

（1）读取故障代码

读取故障代码来诊断电控系统故障是最常用的自诊断测试方法。汽车电控发动机在使用过程中，只要蓄电池正极柱或负极柱上的电缆端子未曾拆下，ECU 中存储的故障代码就能长期保存，将故障代码从 ECU 中读出，即可知道故障部位或故障原因，为诊断与排除控制系统故障提供可靠依据。

（2）数据传输

在汽车 ECU 检测仪与故障诊断插座连接的情况下，当发动机运转时，将 ECU 内部的计算结果、控制参数和控制模式等数值，以数据表和串行输出方式在检测仪屏幕上一一显示出来的过程称为数据传输，通常称为"数据通信"或读取"数据流"。

（3）监控执行器

监控执行器，即在发动机熄火状态下或运转过程中，通过 ECU 检测仪向各执行器发出强制驱动或强制停止指令来监测执行器的动作情况，用以判定该执行器及其控制电路有无故障。

（4）OBD（车载诊断系统）在环境保护上的应用

OBD 的出现是因为环保机构要求用更精确的方法检测造成排放上升的问题，发动机的控制精度决定了排放的性能。

2. 随车诊断系统的基本原理

随车诊断系统主要用于对各种传感器进行故障自诊断，其原理如图 1-3-1 所示。其故障确定方式主要为：若某传感器输入 ECU 的信号超出正常范围，或在一定时间 ECU 收不到该传感器信号，或该传感器输入 ECU 的信号在一定时间内不发生变化，则随车诊断系统均判定其为故障信号。

若故障信号持续出现超过一定时间或多次出现判定有故障，并将此故障以故障码的形式输入 ECU 的存储器中，则此时发动机 ECU 控制故障指示灯发亮，警告驾驶人。此外，随车诊断系统还会根据故障性质自动启动失效保护系统或应急备用系统等。

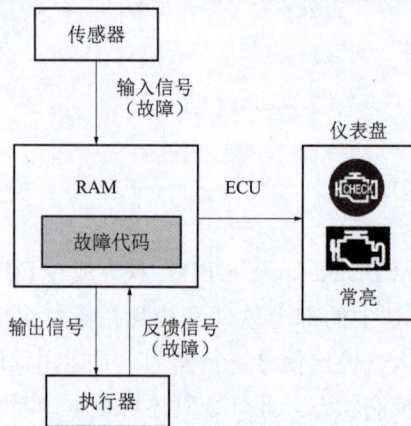

图 1-3-1　随车诊断系统原理

3. OBD-Ⅱ 故障自诊断系统

OBD 的设计初衷是监测排气管废气排放质量，在排放系统有故障时提示车主注意，使维修技术人员快速地找到故障来源，减少汽车废气对大气的污染，后来逐步发展为用于进行电控系统故障诊断。20 世纪 90 年代初期，美国汽车工程师学会（SAE）在第一代随车诊断标准的基础上，统一了相关标准，并开始推行第二代随车自诊断系统 OBD-Ⅱ。

（1）故障诊断通信接口 TDCL

OBD-Ⅱ标准规定，各种车型的 OBD-Ⅱ应具有统一尺寸和 16 端子的诊断插座，如图 1-3-2 所示。OBD-Ⅱ标准对诊断插座中的各个端子也做了相应的规定，该诊断插座应位于汽车的客舱内并置于驾驶座上伸手可及之处。

在 16 个端子中，其中 7 个是标准定义的信号端子，其余 9 个由生产厂家自行设定，大部分的系统只用 7 个端子中的 5 个具体定义好的端子，第 7 号和第 15 号端子是 ISO 1994-2 标准传送资料的端口，而第 2 和第 10 号端子是 SAEJ -1850 标准规定的总线正极和负极。

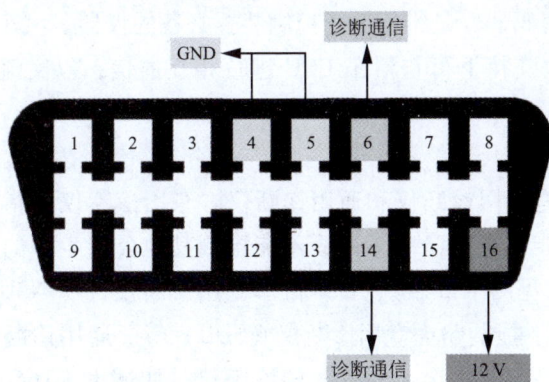

图 1-3-2 OBD-Ⅱ诊断插座

（2）故障指示灯

先将点火开关转到"ON"位置，但不起动发动机，此时故障指示灯"CHECK"应当点亮。如果指示灯"CHECK"不亮，则说明指示灯或其控制线路有故障，应予以检修。起动发动机，此时故障指示灯应立即熄灭。如指示灯始终发亮，则说明控制系统有故障。

（3）OBD-Ⅱ故障码的含义

OBD 系统制定了故障码的标准，统一了车辆故障码含义，方便车载诊断仪进行诊断。还有部分故障码可由厂商根据自产车型的特点来制定。图 1-3-3 所示为故障码的含义。

OBD 系统故障码一般以 P（动力总成）、B（车身）、C（底盘）或 U（电脑通信）开头，后接由 0、1、2、3、4、5、6、7、8、9、A、B、C、D、E 或 F 组成的四位代码。

诊断系统故障

系统名称：
B=车身
C=底盘
P=动力总成
U=未定义

P 0 1 23

代码：故障定义

代码类型：
0=OBD-Ⅱ   2=SAE未定义
1=制造厂商   3=SAE未定义

系统分类：
1=燃油或空气系统   6=PCM或输出
2=燃油或空气系统   7=变速器
3=点火系统   8=变速器
4=排放物控制系统   9=SAE未定义
5=车速控制   10=SAE未定义

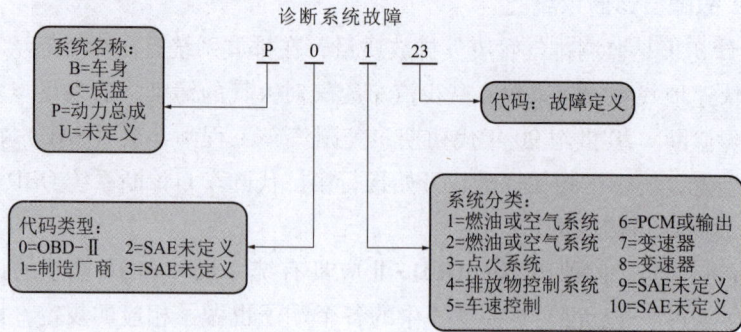

图 1-3-3　故障码的含义

二、汽车诊断仪

汽车诊断仪又称解码器，是维修电子控制装置必备的仪器。汽车诊断仪与汽车自诊断插座相连，在一定协议支持下可与汽车 ECU 进行相互通信，以交流各种信息，从而获取 ECU 工作的重要参数。

1. 汽车诊断仪的分类

汽车诊断仪可分为专用诊断仪和通用诊断仪。专用诊断仪是指由汽车厂家提供或指定的诊断仪，一般只能诊断自己的车系，不能检测其他公司生产的汽车，如通用汽车专用诊断仪（TECH2）（见图 1-3-4）、日产汽车专用诊断仪（CONSULT3）、大众汽车专用诊断仪（V. A. G5052）、捷豹路虎专用诊断仪（SDD）等。通用诊断仪是由仪器设备制造商生产的能检测多个品牌、多个系列汽车的诊断仪，如博世 KT660、金德 KT660、元征 X-431（见图 1-3-5）等。针对某一品牌的汽车，通用诊断仪功能没有专用诊断仪专业、强大。

图 1-3-4　通用汽车专用诊断仪

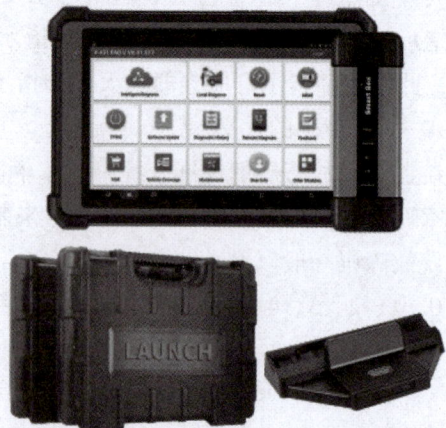

图 1-3-5　元征 X-431 诊断仪

2. 汽车诊断仪的功能

在诊断车辆电控系统故障时，用户可以用故障诊断仪迅速地读取汽车电控系统的故障，查明发生故障的部位及原因。汽车故障诊断仪是维修中非常重要的工具，一般有以下功能：

①读取计算机版本信息；

②读取故障码；

③清除故障码；

④读取发动机数据流；

⑤示波器功能；

⑥元件动作测试功能；

⑦匹配、设定和编码功能；

⑧其他特殊功能。

3. 元征 X-431 诊断仪简介

X-431 PAD V 是元征科技开发的一款基于最新互联网诊断技术，同时兼容乘用车和商用车（视产品配置而定）的新型高端汽车智能终端设备，支持 5G Wi-Fi 通信、ECU 刷写，支持 J2534、DOIP 和 CAN FD 等标准或协议，具有车型覆盖广、功能强大、特殊功能多及测试数据准确等诸多优点。其通过 VCI（车辆通信）设备与 X-431 PAD V 主机的 Wi-Fi 通信或 USB 通信，可实现产品全车型、全系统的汽车故障诊断。元征 X-431 PAD V 主界面如图 1-3-6 所示。

图 1-3-6　元征 X-431 PAD V 主界面

元征 X-431 PAD V 除支持以往的传统诊断和 VIN 识别诊断外，还支持智能诊断，让诊断更方便、高效。此外，其还支持超级远程诊断、M 站（国家排放标准）OBD 检测、在线编程、归零保养、诊断反馈、维修资料查阅和一键升级等功能。此外，X-431 PAD V 还集成汽车智能维修小生态服务系统，提供接车、工单管理、配件查询、门店管理等功能，帮助维修门店提高工作效率，提升用户体验。X-431 PAD V 采用更高配置的平板电脑主机，使用

Android 定制操作系统，2.0 GHz 八核处理器，配备 10.1 in① 阳光可读屏，如图 1-3-7 所示。

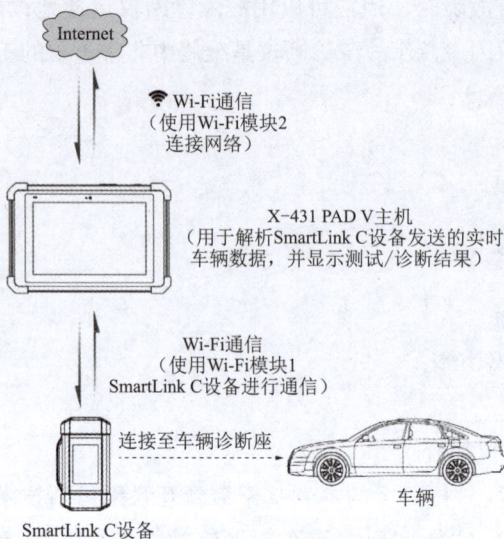

图 1-3-7　X431 与外界连接通信

（1）一键进系统

通过自动扫描识别出汽车上装配的发动机系统、尾气后处理系统、ABS 系统，使用过程简单方便、高效快捷，让维修师傅们不用再频繁地选择诊断系统，如图 1-3-8 所示。

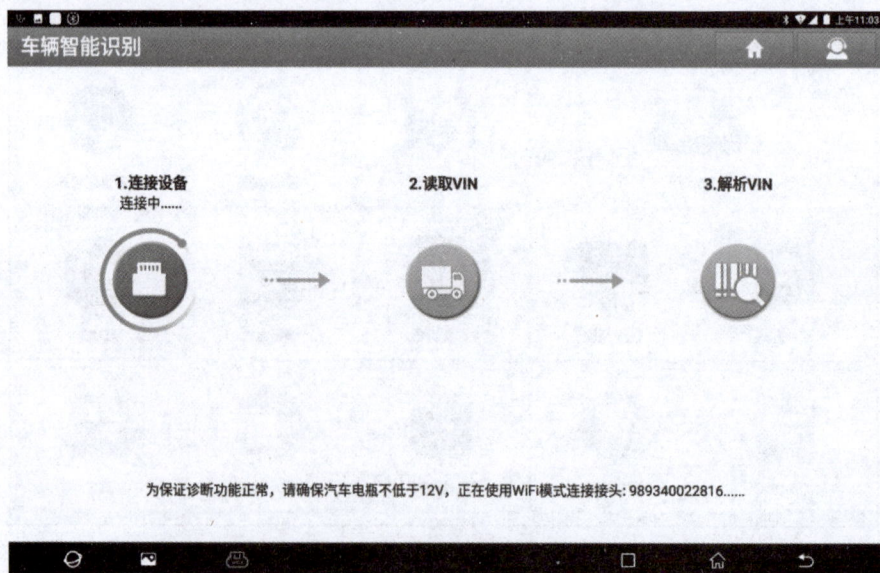

图 1-3-8　一键进系统主界面

（2）传统诊断

传统诊断功能是用手动选择菜单方式进行诊断，里面各种车型系统分类明确，能精确

---

① 1 in = 2.54 cm。

对车辆各个系统进行诊断检查。传统诊断中共包括 6 个模块，分别是车系、发动机、尾气后处理、电控系统、标定功能和在线刷写，如图 1-3-9 所示。

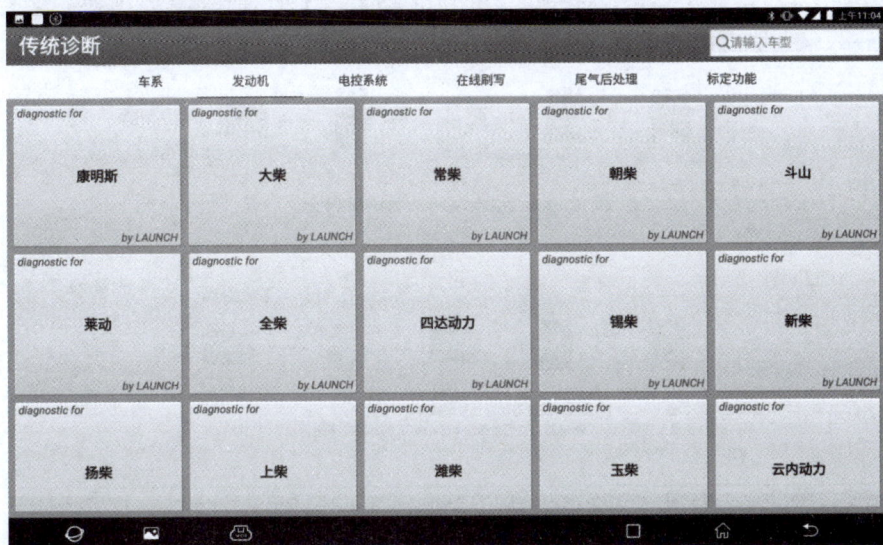

图 1-3-9　传统诊断 6 个模块

传统诊断的车系模块里有 7 个系列，分别是商用卡车、商用客车、乘用皮卡、工程机械、农用机械、叉车机械、天然气、纯电 EV，共有 235 个车型软件诊断菜单，市面车型诊断覆盖率达到了 99% 以上，如图 1-3-10 所示。

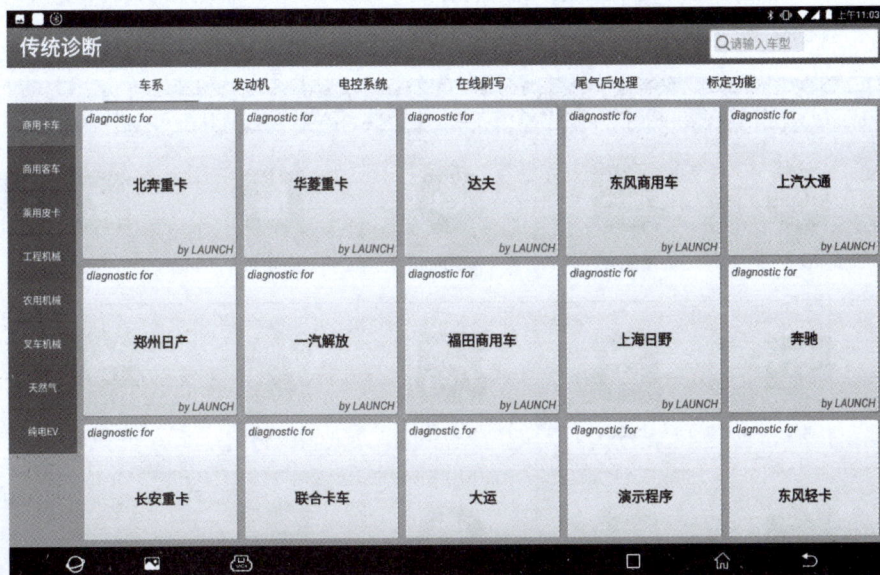

图 1-3-10　车系 7 个系列

（3）超级远程诊断

当顾客在维修过程中遇到技术难题时，可以在线寻求远程技术支持，其可对接元征的超级远程平台，获得来自元征/原厂/第三方品牌的诊断技术加持，功能非常强大，如图 1-3-

11 所示。

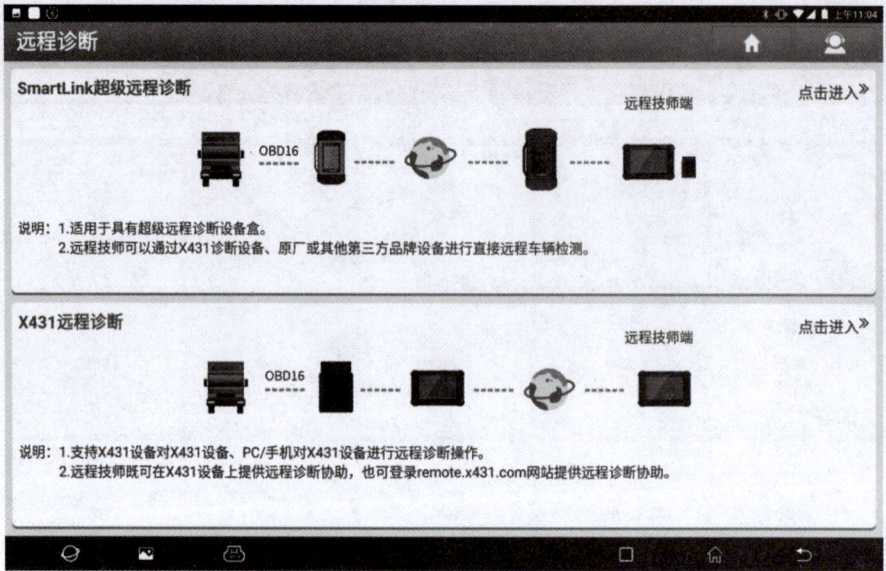

图 1-3-11　远程诊断功能主界面

（4）特殊功能

客户可快速通过特殊功能按钮直接进入对应功能的诊断界面，故节省了操作时间。

18 个特殊功能列表清单为：DPF、参数设定、断缸测试、保养归零、喷油嘴编码、编程、ECU 刷写、限速调整、怠速调整、风扇标定、远程油门、尿素驱动、深度清码、刷写数据转换、数据优化、刹车片更换、变速箱更换、氧传感器，如图 1-3-12 所示。

图 1-3-12　特殊功能主界面

（5）诊断记录

用户可通过此功能快速查看该设备的历史诊断数据，单击"诊断记录"，之前的所有诊断记录均会以时间顺序显示在屏幕上，便于用户快速进入之前测试的车辆并继续测试；维修完成后用这个功能，可以减少选择菜单的时间，非常实用。图 1-3-13 所示为诊断记录操作主界面。

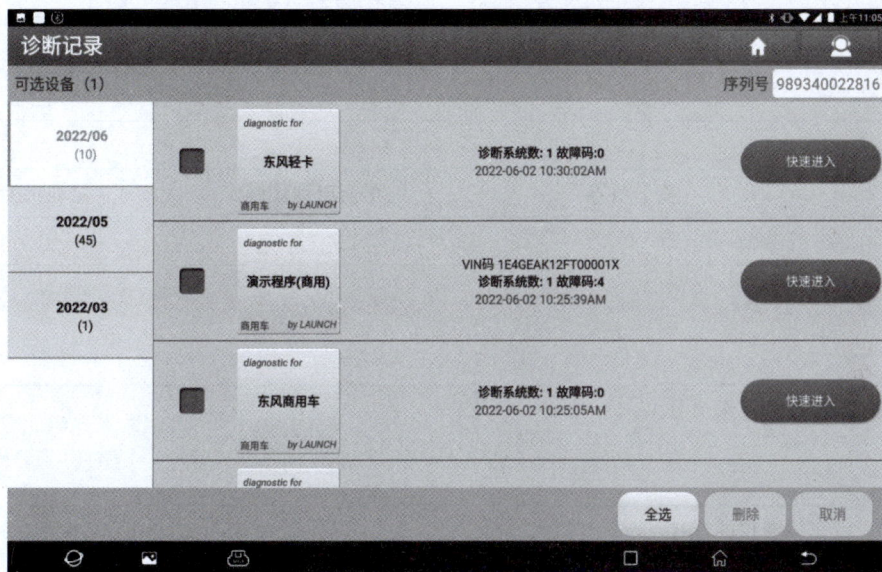

图 1-3-13 诊断记录操作主界面

延伸阅读

随着汽车电子化程度的不断提高，加强了汽车后市场维修对综合性诊断工具的依赖。当前，随着汽车产业"电动化、网联化、智能化"新三化的推进，汽车电子化程度不断提高，汽车电子成本占整车成本的比例不断提升。根据智研咨询数据，全球汽车电子占整车成本的比例在 2030 年将接近 50%，汽车正在逐渐变成一种电子产品。随着汽车电子的广泛应用，汽车已被构建成一个复杂的智能化网络系统，技术含量高、结构复杂，而传统的经验判断方法和简单的修理工具已难以适应现代汽车技术发展的需要，维修人员必须使用诸如汽车故障电脑诊断仪等电子检测设备并借助网络数据库的支持，才能完成修理任务。伴随汽车电子及动力总成领域持续不断的技术进步，故障诊断将朝着更加专业化和智能化的方向发展。使用综合型汽车诊断分析产品能将大部分车型的日常故障检测和维修过程变得非常简便，极大地缩短检测时间。汽车智能诊断分析产品的市场价值愈加显著。

汽车诊断仪行业比较有名的品牌有博世 BOSCH、元征 Launch、道通 Autel、实耐宝 Snapon、金奔腾、爱夫卡、三原 Sysokean、欧克勒亚、ADS、朗仁。

任务实施

本任务以元征 X431 为例，要求学生使用诊断仪对车辆进行全面检查，读取相关数据并进行相应记录。

任务 1.3　汽车诊断仪的使用					
姓名：		班级：	学号：		日期：

<table>
<tr><td rowspan="6">准备工作</td><td colspan="5">车辆信息</td></tr>
<tr><td>品牌：</td><td>整车型号：</td><td colspan="2">车辆识别代码：</td><td>发动机型号：</td></tr>
<tr><td></td><td></td><td colspan="2"></td><td></td></tr>
<tr><td colspan="5">工具耗材准备：</td></tr>
<tr><td colspan="5"></td></tr>
<tr><td colspan="5">制订检修计划及组员分工：</td></tr>
</table>

<table>
<tr><td rowspan="22">检修流程</td><td colspan="4">一、汽车诊断仪的连接</td></tr>
<tr><td>1. 诊断仪完备性的检查</td><td colspan="3">□ 正常　　□ 不正常＿＿＿＿</td></tr>
<tr><td rowspan="4"></td><td>测试计算机</td><td>□ 正常</td><td>□ 不正常</td></tr>
<tr><td>诊断软件</td><td>□ 正常</td><td>□ 不正常</td></tr>
<tr><td>测试线诊断</td><td>□ 正常</td><td>□ 不正常</td></tr>
<tr><td>诊断仪供电</td><td>□ 正常</td><td>□ 不正常</td></tr>
<tr><td>2. 诊断仪的连接</td><td colspan="3">□ 正常　　□ 不正常＿＿＿＿</td></tr>
<tr><td rowspan="3"></td><td>点火开关</td><td colspan="2">□ OFF 位置</td></tr>
<tr><td>与车辆连接</td><td>□ 正常</td><td>□ 不正常</td></tr>
<tr><td>主机软件调试</td><td>□ 正常</td><td>□ 不正常</td></tr>
<tr><td colspan="4">二、汽车诊断功能的使用</td></tr>
<tr><td>1. 读取版本信息</td><td colspan="3">□ 正常　　□ 不正常＿＿＿＿</td></tr>
<tr><td>　　　　VIN</td><td colspan="3"></td></tr>
<tr><td>2. 读取和清除故障码</td><td colspan="3">□ 正常　　□ 不正常＿＿＿＿</td></tr>
<tr><td>　　　读取故障码</td><td colspan="3">DTC</td></tr>
<tr><td></td><td colspan="3"></td></tr>
<tr><td>　　　读取冻结帧</td><td colspan="3"></td></tr>
<tr><td></td><td colspan="3"></td></tr>
</table>

续表

检修流程	二、汽车诊断功能的使用		
	读取冻结帧		
	清除故障码	□ 正常　　□ 不正常	
	3. 读取数据流	□ 正常　　□ 不正常_____	
	数据流记录		
	4. 动作测试（发动机熄火，点火开关置于"ON"位置）	□ 完成　　□ 未完成	
	喷油器动作测试	□ 正常　　□ 不正常	
	燃油泵动作测试	□ 正常　　□ 不正常	
	活性炭罐电磁阀动作测试	□ 正常　　□ 不正常	
	三、汽车分析功能的使用		
	1. 发动机状态的检查	□ 点火开关置于"OFF"位置	
	2. T 形线、波形测试线的连接	BNC 端子	
		示波器正表笔	
		示波器负表笔	
	3. 凸轮轴位置传感器信号波形	□ 正常　　□ 不正常	

（此处为空白方格区域）

四、诊断结论			
元件损坏	名称：	维修建议：□更换　　□维修　　□调整	
线路故障	区间：	维修建议：□更换　　□维修　　□调整	
其他			
三、异常部件记录			

检验与评估

<table>
<tr><td colspan="8" align="center">汽车诊断仪的使用评价表</td></tr>
<tr><td colspan="2">姓名：</td><td colspan="3">班级：</td><td colspan="3">学号：</td></tr>
<tr><td colspan="5">自评：□合格　□不合格</td><td colspan="3">师评：□合格　□不合格</td></tr>
<tr><td colspan="5">互评：□合格　□不合格</td><td colspan="3">日期：</td></tr>
<tr><td colspan="8" align="center">汽车诊断仪的使用评分细则</td></tr>
<tr><td>序号</td><td>评分项</td><td>得分条件</td><td>分值</td><td>评分要求</td><td>自评</td><td>互评</td><td>师评</td></tr>
<tr><td>1</td><td>专业知识</td><td>□1. 能描述随车诊断系统的功能
□2. 能描述随车诊断系统的基本原理
□3. 能读懂故障码的含义
□4. 能描述诊断仪的功能
□5. 能描述诊断仪的类型
□6. 能描述诊断仪的使用方法</td><td>30</td><td>未完成1项扣8分，扣分不得超过30分</td><td></td><td></td><td></td></tr>
<tr><td>2</td><td>专业技能能力</td><td>□1. 车辆安全防护、基本信息登记
□2. 车辆油、水、电的基本检查
□3. 车辆仪表的检查
□4. 诊断仪完备性的检查
□5. 诊断仪的连接
□6. 读取版本信息
□7. VIN码记录
□8. 读取故障码
□9. 读取冻结帧
□10. 清除故障码
□11. 读取数据流
□12. 数据流记录
□13. 喷油器动作测试
□14. 燃油泵动作测试
□15. 活性炭罐电磁阀动作测试
□16. T形线、波形测试线的连接
□17. 凸轮轴位置传感器信号波形的记录
□18. 诊断结论判断</td><td>60</td><td>未完成1项扣5分，扣分不得超过60分</td><td></td><td></td><td></td></tr>
<tr><td>3</td><td>安全与素养</td><td>□1. 能积极主动参与学习
□2. 能与小组成员分工合作，不影响学习进度
□3. 能独立查阅资料
□4. 能独立规范操作
□5. 能正确使用维修、诊断工具
□6. 能进行工具清洁、校准和存放操作
□7. 能进行三不落地操作</td><td>10</td><td>未完成1项扣2分，扣分不得超过10分</td><td></td><td></td><td></td></tr>
<tr><td colspan="3" align="center">合计</td><td>100</td><td></td><td></td><td></td><td></td></tr>
</table>

练习与思考

一、填空题

1. 发动机管理系统，简称_____。

2. 汽油发动机电控系统主要由_____、_____和_____三大部分组成。

3. 发动机电控系统根据控制过程中有无反馈信号，可分为_____和_____。

4. 电控技术对现代汽车的_____、_____、_____和_____等方面都有重要的影响。

5. ECU 主要由_____、_____和_____三部分组成。

6. ECM 的电源电路主要有_____、_____和_____三种。

7. 除喷油量控制外，电控燃油喷射系统还包括_____控制、_____控制与_____控制。

8. 汽车诊断仪又称_____，是维修_____必备的仪器。

9. OBD 系统故障码一般以_____、_____、_____或_____为开头。

二、单向选择题

1. 电控燃油喷射系统的缩写是（　　）。

A. EFI　　　　　　　B. ESA　　　　　　　C. AEC　　　　　　　D. OBD

2. 进气控制系统的作用是（　　）。

A. 过滤空气　　　　B. 测量进气量　　　　C. 控制进气量　　　　D. 以上三项都是

3. 微机输出的电信号电压一般为（　　）。

A. 1 V　　　　　　　B. 3 V　　　　　　　C. 5 V　　　　　　　D. 7 V

4. 下列属于传感器的是（　　）。

A. ICM　　　　　　　B. TPS　　　　　　　C. FP　　　　　　　D. VSV

5. 长期存储发动机控制指令数据的是（　　）。

A. CPU　　　　　　　B. ROM　　　　　　　C. RAM　　　　　　　D. BUS

6. 电控燃油喷射系统主要根据（　　）确定基本的喷油量。

A. 进气量　　　　　B. 进气温度　　　　　C. 冷却液温度　　　　D. 节气门位置

7. 故障码 C123 中 1 表示（　　）。

A. 系统名称　　　　B. 代码类型　　　　　C. 系统分类　　　　　D. 故障定义

三、判断题

（　　）1. 汽车电控技术的应用可以适应更严格的排放法规。

（　　）2. ECU 不具备故障自诊断功能。

（　　）3. 计算机只能处理数字信号。

（　　）4. 只要电源正常，ECU 就能正常工作。

（　　）5. ECU 内多个传感器可共用一个参考搭铁。

（　　）6. 进气温度信号可作为燃油喷射和点火控制的修正信号。

（　　）7. 发动机电控系统中多采用开环控制。

（　　）8. 针对某一品牌的汽车，通用诊断仪功能没有专用的专业、强大。

（　　）9. 有些情况下，当有故障症状出现时，一定有故障，但不一定有故障码。

四、简答题

1. ECU 的供电电路有几种电源？

2. 简述 ECU 的工作过程。

项目 2 进气系统的检修

项目描述

有一辆吉利博越汽车出现怠速波动症状，怠速时，不开空调，发动机转速在 600～900 r/min 间波动，开空调时，转速在 500～1 100 r/min 间波动。该车在急加速与急减速时反应滞后，其余工况基本正常。维修技师怀疑此故障可能由进气控制系统引起，请你对进气控制系统进行全面检查，并排除此故障。

项目解析

进气控制系统是电控燃油喷射系统的一个重要组成部分，要排除此系统的故障，首先必须了解它的组成与作用，掌握空气流量传感器、进气歧管绝对压力传感器、进气温度传感器、怠速及电子节气门控制系统、进气控制系统的基本结构与工作原理，并掌握其部件与控制电路的检测方法。

在排除故障时，先检查发动机进气控制系统中的进气管是否存在漏气问题，再检测各个传感器是否存在故障，除此之外，还需要检测怠速控制系统中的怠速控制机构是否存在故障。若故障仍不能排除，还需要检查发动机进气辅助控制系统中的相关部件，如气门正时控制系统、气门升程与气门正时控制系统、其他进气增压控制系统。

任务2.1 空气流量传感器及控制电路的检修

任务导入

有一辆领克汽车出现怠速波动症状，技术经理安排你检查这辆车的空气流量传感器，判断其是否存在故障。请你了解该车进气控制系统的组成与作用，并找出空气流量传感器，进行检查并判断是否存在故障。

任务目标

※**知识目标**

1. 能描述进气控制系统的结构组成与作用。

2. 能描述空气流量传感器的类型、安装位置和作用。

3. 能描述空气流量传感器的工作原理和各标准参数。

※**能力目标**

1. 能就车找到进气控制系统各部件。

2. 能就车找到空气流量传感器，并对类别进行判断，能看懂原理图与电路图。

3. 能对空气流量传感器进行维修更换作业，并能对发动机进行测试，检查并评估修复质量。

4. 能正确使用诊断工具、仪器，进行参数的检测，正确记录、分析各种检测结果并做出故障判断。

※**素养目标**

1. 具备独立进行资料信息查询的能力。

2. 具备一定的展示、分享能力。

3. 具备一定的比较、分析、判断的能力。

4. 养成严谨的工作态度。

相关知识

一、进气系统的作用

进气系统的主要功用是为发动机输送清洁且与发动机负荷相适应的空气，避免空气中

的杂质及大颗粒粉尘进入发动机燃烧室造成发动机异常磨损，同时对流入发动机气缸的空气质量进行直接或间接的计量，使它们在系统中与喷油器喷出的汽油形成空燃比符合要求的可燃混合气。

二、进气系统的组成

进气系统（自然吸气）由空气滤清器、空气流量计或进气歧管绝对压力传感器、节气门体、谐振腔、进气歧管等组成，如图 2-1-1 所示。发动机工作时，驾驶员通过加速踏板操纵节气门的开度来改变进气量，进而控制发动机的运转。进入发动机的空气经空气滤清器滤去尘埃等杂质后，流经测量装置，沿节气门通道进入谐振腔，再经进气歧管被分配到各气缸中。

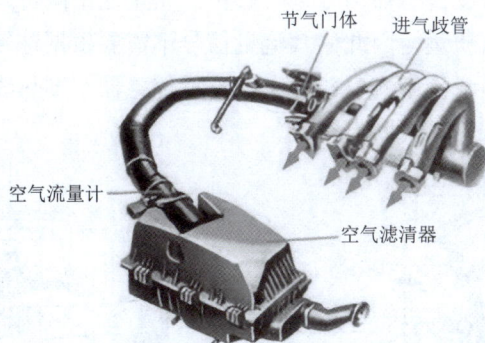

图 2-1-1　进气系统组成

带有涡轮增压的发动机进气系统的空气流经空气滤清器、涡轮增压器进气侧、增压空气冷却器、节气门体、进气压力（带进气温度）传感器、进气歧管，最后当进气门打开时，被吸入气缸内参与燃烧。

一、空气流量传感器

空气流量传感器通常用于 L 型燃油喷射系统中，安装在空气滤清器出口的进气管上，如图 2-1-2 所示。其功用是检测发动机进气量的大小，并将进气量信息转换成电信号输入电控单元（ECU），以供 ECU 计算确定喷油时间（即喷油量）。其中，进气量信号是控制单元计算喷油时间的主要依据。

根据测量原理不同，空气流量传感器分为翼片式、卡门涡街式、热线式及热膜式等几种，如图 2-1-3 所示。其中翼片式和卡门涡街式空气流量传感器为气体体积流量测量式，而热线式和热膜式空气流量传感器为气体质量流量测量式。

图 2-1-2　空气流量传感器及安装位置

　　体积流量测量式传感器可检测单位时间内进入气缸内空气的体积量，但当进气温度变化时，由于进气密度发生变化，实际的进气质量也会发生变化，因此，体积流量测量式传感器信号还需根据进气温度传感器信号进行修正。质量流量测量式传感器可直接检测出单位时间内进入缸内的空气质量，因此，其流量信号不需要根据进气温度进行修正。

　　现代汽车主要采用质量流量测量式的空气流量传感器，即热线式和热膜式。

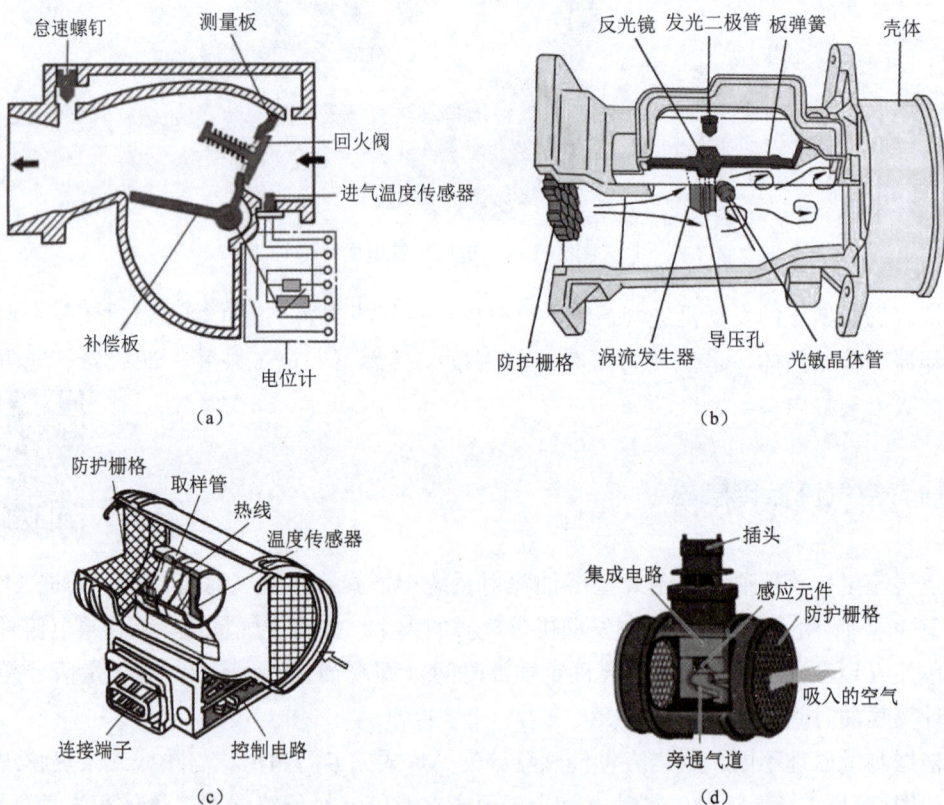

图 2-1-3　四种类型的空气流量传感器

（a）翼片式；（b）卡门涡街式；（c）热线式；（d）热膜式

1. 热线式空气流量传感器

（1）热线式空气流量传感器的结构

热线式空气流量传感器由取样管、铂金属丝制成的热线、铂金属制成的温度补偿薄膜电阻控制电路板等组成。热线式空气流量传感器发热元件为铂金属丝，按其安装位置的不同分为主测量式和旁通道式，其结构如图 2-1-4 所示。

主测量式空气流量传感器的特点是将热线和进气温度传感器都放到进气主通路中；旁通道式空气流量传感器的特点是将热线缠在绕线管上，与进气温度传感器一起都放在旁通气路内。

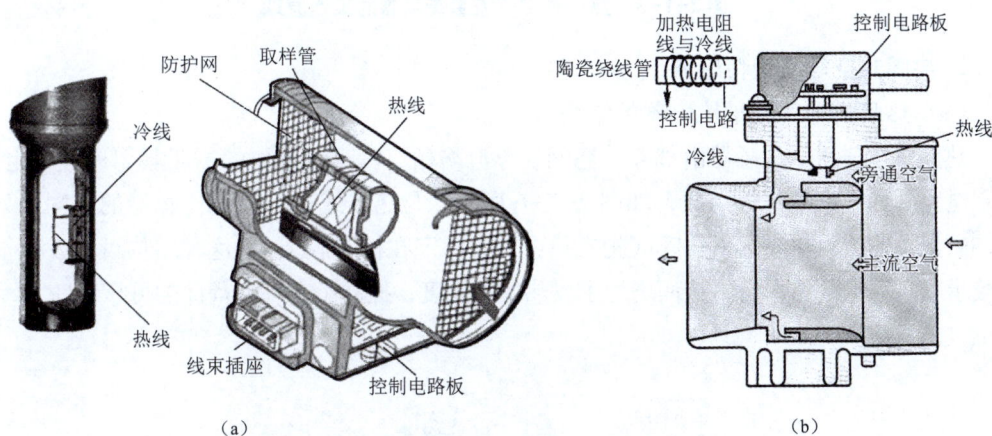

图 2-1-4　热线式空气流量传感器结构

（a）主测量式；（b）旁通道式

（2）热线式空气流量传感器的工作原理

热线式空气流量传感器的工作原理如图 2-1-5 所示。热线电阻 R_H 和温度补偿电阻 R_K 均置于空气通道中的取样管内，与 R_A、R_B 共同构成桥式电路。R_H、R_K 阻值均随温度变化。当空气流经 R_H 时，使热线温度发生变化，电阻减小或增大，使电桥失去平衡，若要保持电桥平衡，就必须使流经热线电阻的电流改变，以恢复其温度与阻值。当热线的温度发生变化时，精密电阻 R_A 两端的电压也相应发生变化，并且该电压信号作为热线式空气流量传感器输出的电压信号被送往 ECU。控制电路的作用是保持电桥平衡，即保持热线电阻器与感应进气温度的温度补偿电阻之间的温度差不变。

为保证测量精度，热线式空气流量计一般都有自洁功能，即发动机转速超过 1 500 r/min，关闭点火开关使发动机熄火后，控制系统自动将热线电阻器加热到 1 000 ℃ 以上并保持约 1 s，以便将附在热线电阻器上的粉尘烧掉。

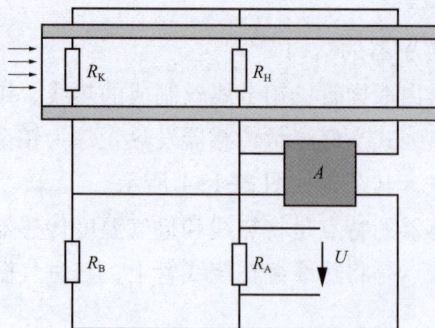

图 2-1-5 热线式空气流量传感器的工作原理

2. 热膜式空气流量传感器

（1）热膜式空气流量传感器的结构

热膜式空气流量传感器由外壳、滤网、导流格栅、贴有铂金属的树脂膜温度补偿电阻、控制电路盒和线束插头等组成，如图 2-1-6 所示。与热线式空气流量传感器的不同之处在于，它把发热体由热线改为热膜（把发热金属铂固定在树脂膜上），这种结构可使发热体不直接承受空气流的作用力，从而增加了发热体的强度，提高了空气流量计的可靠性。

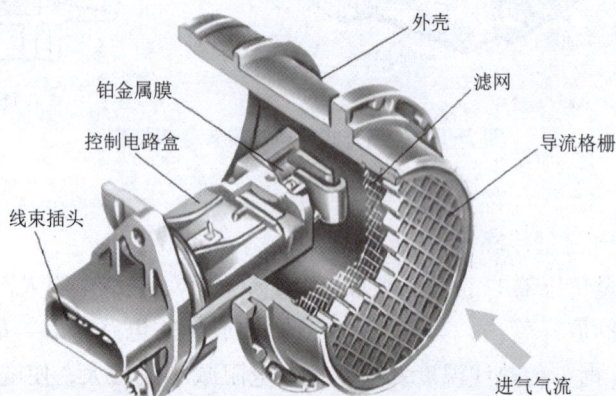

图 2-1-6 热膜式空气流量传感器

（2）热膜式空气流量传感器的工作原理

热膜式空气流量传感器的工作原理与热线式空气流量传感器基本相同。现在使用的某一种热膜式空气流量传感器还带有回流识别的功能，即通过打开和关闭气门，在进气管内产生进气回流，带有回流识别功能的热膜式空气流量传感器识别回流的空气质量，并将其作为信号传输给发动机控制单元，使得空气质量的测量非常准确。

如图 2-1-7 所示，R1 和 R2 为温度传感器。进气时，空气从 R1 向 R2 方向在传感器元件上流过，使传感器 R1 冷却，又由于空气经过加热元件加热，因此 R2 的冷却程度没有 R1 那样高，即 R1 的温度低于 R2 的温度，电子电路根据温差识别进气量。当空气反向流动时，R2 的冷却程度高于 R1，因此 R2 的温度低于 R1 的温度，电子电路识别出此时是回流空气，电子电路从进气量中减去回流空气质量并将结果通知发动机控制单元。

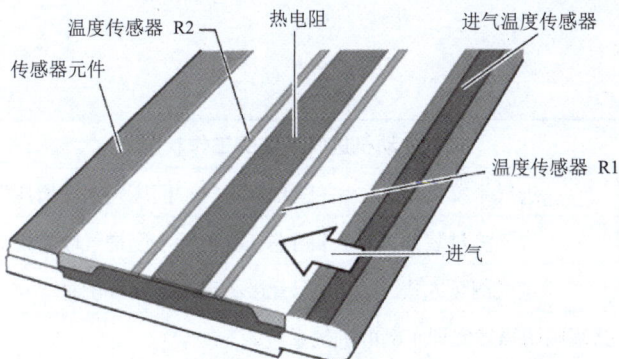

图 2-1-7　带回流识别的热膜式空气流量传感器

二、领克 01 空气流量传感器

空气流量传感器在现在的汽车上广泛使用，虽然原理相同，但安装位置和外形以及电路会有所不同，下面以领克 01 汽车为例，其发动机型号为 JLH-4G20TD。

领克 01 汽车的空气流量传感器及安装位置如图 2-1-8 所示。

图 2-1-8　领克 01 汽车的空气流量传感器及安装位置

领克 01 汽车的空气流量传感器为热膜式空气流量传感器，其与进气温度传感器集成在一起，通过 4 线接插器与线束相连，电路如图 2-1-9 所示，其中 1#端子为空气流量信号端子，2#端子为电源端子，3#端子为搭铁端子，4#端子为温度信号端子。

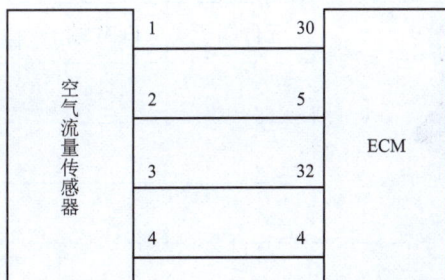

图 2-1-9　领克 01 汽车空气流量传感器电路

任务实施

<table>
<tr><td colspan="3" align="center">检查发动机进气系统的工作状态</td></tr>
<tr><td rowspan="3">1. 实训车辆进气系统观察判断</td><td>进气系统类型</td><td>□自然吸气　□废气涡轮增压</td></tr>
<tr><td>进气测量装置</td><td>□空气流量计　□进气歧管绝对压力传感器</td></tr>
<tr><td>进气测量方式</td><td>□直接测量　□间接测量</td></tr>
<tr><td colspan="3">2. 请根据空气的流动路线画图描述实训车辆的进气系统。

进气口 ⇨

</td></tr>
<tr><td rowspan="2">3. 目视检查实训车辆进气系统</td><td>各部件连接情况</td><td>□正常　　□异常＿＿＿＿＿</td></tr>
<tr><td>系统密封性</td><td>□正常　　□异常＿＿＿＿＿</td></tr>
</table>

　　本任务以领克汽车为例，在车上预设空气流量传感器的故障，要求学生利用所学知识进行检修，并排除相关故障。

<table>
<tr><td colspan="7" align="center">任务2.1　空气流量传感器及控制电路的检修</td></tr>
<tr><td>姓名：</td><td colspan="2">班级：</td><td colspan="2">学号：</td><td colspan="2">日期：</td></tr>
<tr><td rowspan="5">准备工作</td><td colspan="6">车辆信息</td></tr>
<tr><td>品牌：</td><td colspan="2">整车型号：</td><td colspan="2">车辆识别代码：</td><td>发动机型号：</td></tr>
<tr><td></td><td colspan="2"></td><td colspan="2"></td><td></td></tr>
<tr><td colspan="6">检测工具耗材准备：

</td></tr>
<tr><td colspan="6">制订检修计划及组员分工：

</td></tr>
<tr><td rowspan="4">检修过程</td><td colspan="3">第一步：空气流量传感器外观的检查</td><td colspan="3">□正常　　□异常＿＿＿＿＿</td></tr>
<tr><td rowspan="3"></td><td>元件端子</td><td>ECM端子</td><td colspan="2">功能</td><td>导线颜色</td></tr>
<tr><td></td><td></td><td colspan="2"></td><td></td></tr>
<tr><td></td><td></td><td colspan="2"></td><td></td></tr>
</table>

续表

<table>
<tr><td rowspan="25">检修过程</td><td colspan="5">第二步：空气流量传感器搭铁电路的检测</td></tr>
<tr><td>检测端子</td><td>检测条件</td><td>标准值</td><td>测量值</td><td>结果分析</td></tr>
<tr><td></td><td></td><td></td><td></td><td>□正常　□异常</td></tr>
<tr><td colspan="5">第三步：空气流量传感器供电电路的检测</td></tr>
<tr><td>检测端子</td><td>检测条件</td><td>标准值</td><td>测量值</td><td>结果分析</td></tr>
<tr><td></td><td></td><td></td><td></td><td>□正常　□异常</td></tr>
<tr><td colspan="5">第四步：空气流量传感器信号电压的检测（不起动）</td></tr>
<tr><td>检测端子</td><td>检测条件</td><td>标准值</td><td>测量值</td><td>结果分析</td></tr>
<tr><td></td><td></td><td></td><td></td><td>□正常　□异常</td></tr>
<tr><td colspan="5">第五步：空气流量传感器信号电压的检测（起动：怠速和节气门全开时）</td></tr>
<tr><td>检测端子</td><td>检测条件</td><td>标准值</td><td>测量值</td><td>结果分析</td></tr>
<tr><td></td><td></td><td></td><td></td><td>□正常　□异常</td></tr>
<tr><td></td><td></td><td></td><td></td><td>□正常　□异常</td></tr>
<tr><td colspan="5">第六步：空气流量传感器数据流的检测</td></tr>
<tr><td>检测条件</td><td colspan="2">工况</td><td>检测结果</td><td>结果分析</td></tr>
<tr><td></td><td colspan="2">未起动</td><td></td><td>□正常　□异常</td></tr>
<tr><td></td><td colspan="2">怠速</td><td></td><td>□正常　□异常</td></tr>
<tr><td></td><td colspan="2">中高速</td><td></td><td>□正常　□异常</td></tr>
<tr><td colspan="5">第七步：故障结论和分析</td></tr>
<tr><td colspan="2">元件损坏名称：</td><td colspan="3">维修建议：□更换　□维修　□调整</td></tr>
<tr><td colspan="2">线路故障区间：</td><td colspan="3">维修建议：□更换　□维修　□调整</td></tr>
<tr><td colspan="2">其他：</td><td colspan="3"></td></tr>
</table>

检验与评估 🎧

空气流量传感器及控制电路的检修评价表			
姓名：	班级：		学号：
自评：□合格　□不合格			师评：□合格　□不合格
互评：□合格　□不合格			日期：

空气流量传感器及控制电路的检修评分细则							
序号	评分项	得分条件	分值	评分要求	自评	互评	师评
1	专业知识	□1. 能描述发动机进气控制系统的组成及作用 □2. 能描述空气流量传感器的安装位置及作用 □3. 能描述空气流量传感器的类型及工作原理 □4. 能描述空气流量传感器的控制电路	40	未完成1项扣10分，扣分不得超过40分			
2	专业技能能力	□1. 车辆安全防护、基本信息登记 □2. 车辆油、水、电的基本检查 □3. 空气流量传感器外观的检查 □4. 空气流量传感器搭铁电路的检测 □5. 空气流量传感器供电电路的检测 □6. 空气流量传感器信号电压的检测 □7. 空气流量传感器数据流的检测	50	未完成1项扣8分，扣分不得超过50分			
3	安全与素养	□1. 能积极主动参与学习，独立查阅资料 □2. 能与小组成员分工合作，不影响学习进度 □3. 能展示、分享小组学习成果 □4. 能独立规范操作 □5. 能正确使用维修、检验工具 □6. 能进行三不落地操作 □7. 能进行工位7S操作	10	未完成1项扣2分，扣分不得超过10分			
合计			100				

任务2.2 进气歧管绝对压力传感器及控制电路的检修

任务导入

有一辆吉利博越汽车出现怠速波动症状，技术经理安排你检查这辆汽车的进气歧管绝对压力传感器，判断其是否存在故障。请你找出进气歧管绝对压力传感器，对其进行检查并判断是否存在故障。

任务目标

※**知识目标**

1. 能描述进气歧管绝对压力传感器的类型、安装位置和作用。

2. 能描述进气歧管绝对压力传感器的工作原理和各标准参数。

※**能力目标**

1. 能就车找到进气歧管绝对压力传感器，并对其类别进行判断，能看懂原理图与电路图。

2. 能对进气歧管绝对压力传感器进行维修更换作业，并能对发动机进行测试、检查并评估修复质量。

3. 能正确使用诊断工具、仪器，进行参数的检测，正确记录、分析各种检测结果并做出故障判断。

※**素养目标**

1. 具备独立进行资料信息查询的能力。

2. 具备一定的展示、分享的能力。

3. 具备一定的比较、分析、判断的能力。

4. 养成严谨的工作态度。

相关知识

一、进气歧管绝对压力传感器

进气歧管绝对压力传感器 MAPS（Manifold Absolute Pressure Sensor）通常用于 D 型燃

油喷射系统中，安装在节气门后方的进气管内，用真空管与进气总管相连。其主要功用是依据发动机的负荷状态测出进气歧管内绝对压力的变化，并转换成电信号和发动机转速信号一起输送到 ECU，ECU 换算出吸入发动机的空气量，确定喷油器基本喷油量和点火时刻。

进气歧管绝对压力传感器检测进气量不是像空气流量传感器那样直接检测，而是采用间接检测，由于其具有工作可靠、体积小、精度高、响应性好、成本低等优点，故在许多汽车上得到了广泛应用，如图 2-2-1 所示。

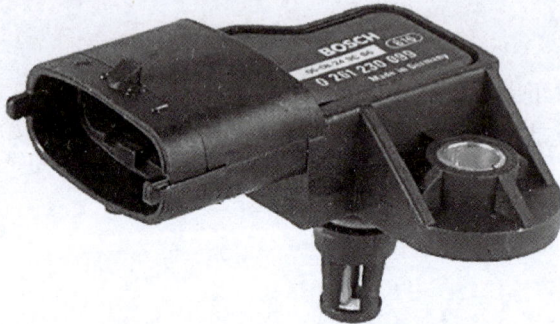

图 2-2-1　进气歧管绝对压力传感器

二、进气歧管绝对压力传感器的结构

进气歧管绝对压力传感器通常可以分为压敏电阻式（压阻式）、膜盒式及可变电感式、电容式三种类型。压敏电阻式进气压力传感器具有响应速度快、检测精度高、尺寸小且安装灵活等优点，因此被广泛使用。

压敏电阻式进气歧管绝对压力传感器由压力转换元件和 IC 集成电路组成。压力转换元件主要包括真空室和硅膜片，真空室提供绝对压力基准，硅膜片的一面是真空室，另一面作用的是进气管的压力。压力转换元件的主要作用是将进气管内的进气压力转换为电压信号；IC 集成电路的主要作用是将转换元件输出的电压信号进行放大处理，并输入到 ECU。

压敏电阻式进气歧管绝对压力传感器的结构如图 2-2-2 所示。

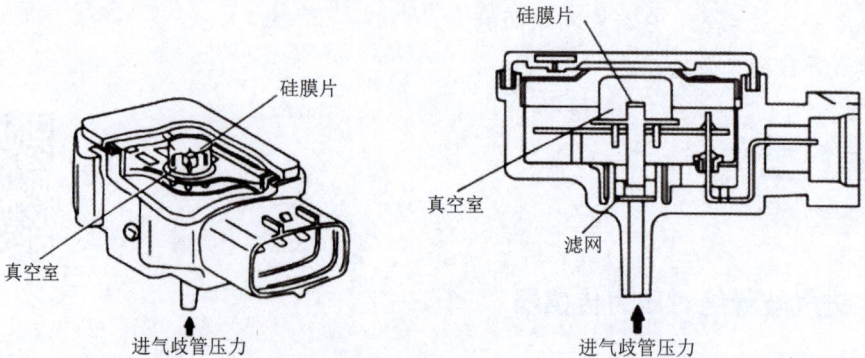

图 2-2-2　压敏电阻式进气歧管绝对压力传感器的结构

三、进气歧管绝对压力传感器的工作原理

压敏电阻式进气歧管压力传感器利用的是压阻效应，即单晶硅材料在受到应力作用后，其电阻率发生明显变化的现象。硅膜片的一侧是真空室，另一侧是导入进气管真空度。进气管内的绝对压力越高，硅膜片变形越大，附着在硅膜片上的四个压敏电阻的阻值随之变化，然后利用惠斯顿电桥将硅膜片的变形转化成电信号，再由电路进行放大后向外输出电压信号，如图 2-2-3 所示，其信号电压具有随进气歧管绝对压力的增大呈线性增大的特性，如图 2-2-4 所示。

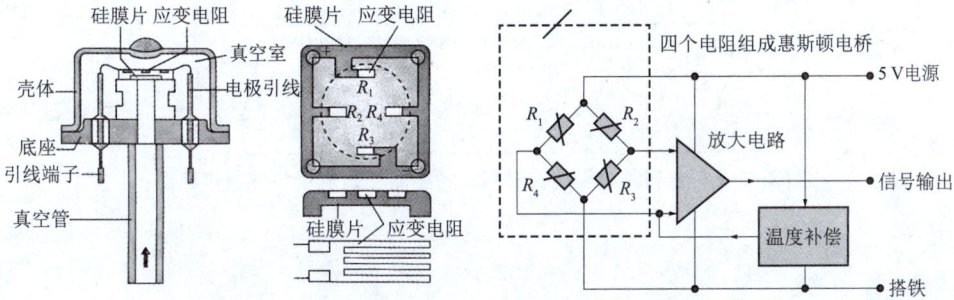

图 2-2-3　进气歧管绝对压力传感器的工作原理

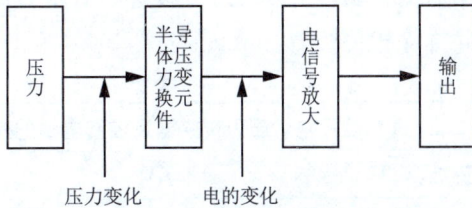

图 2-2-4　进气歧管绝对压力传感器的输出特性

四、进气歧管绝对压力传感器的检测

进气歧管绝对压力传感器的控制电路一般有三根导线与 ECM 相连接，其中一根供电、一根搭铁、一根连接信号。在实际使用中，进气歧管绝对压力传感器往往与进气温度传感器集成在一起。吉利博越发动机进气歧管绝对压力温度传感器电路图如图 2-2-5 所示，其中，EN34d/1 为传感器搭铁端子，EN34d/3 为传感器电源端子，EN34d/4 为传感器压力信号端子，EN34d/2 为进气温度信号线。

进气压力/温度传感器

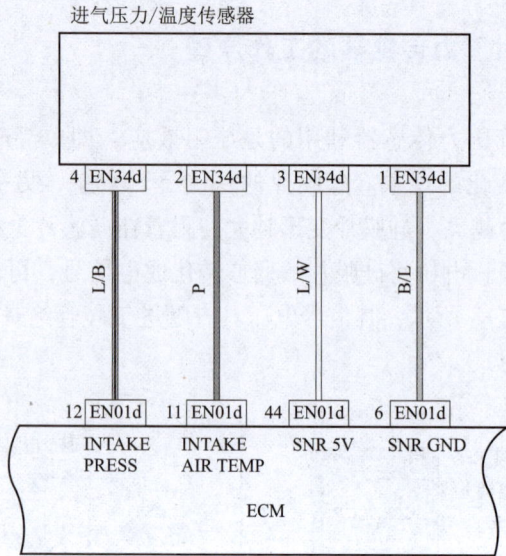

4 EN34d	2 EN34d	3 EN34d	1 EN34d
L/B	P	L/W	B/L
12 EN01d	11 EN01d	44 EN01d	6 EN01d
INTAKE PRESS	INTAKE AIR TEMP	SNR 5V	SNR GND

ECM

图 2-2-5　吉利博越发动机进气歧管绝对压力温度传感器电路图

任务实施

　　本任务以吉利博越汽车为例，在车上预设进气歧管绝对压力传感器的故障，要求学生利用所学知识进行检修，并排除相关故障。

<table>
<tr><td colspan="9" align="center">任务 2.2　进气歧管绝对压力传感器及控制电路的检修</td></tr>
<tr><td>姓名：</td><td colspan="2">班级：</td><td colspan="2">学号：</td><td colspan="4">日期：</td></tr>
<tr><td rowspan="8">准备工作</td><td colspan="8">车辆信息</td></tr>
<tr><td colspan="2">品牌：</td><td colspan="2">整车型号：</td><td colspan="2">车辆识别代码：</td><td colspan="2">发动机型号：</td></tr>
<tr><td colspan="8"></td></tr>
<tr><td colspan="8">检测工具耗材准备：</td></tr>
<tr><td colspan="8"></td></tr>
<tr><td colspan="8"></td></tr>
<tr><td colspan="8">制订检修计划及组员分工：</td></tr>
<tr><td colspan="8"></td></tr>
<tr><td rowspan="5">检修过程</td><td colspan="4">第一步：进气歧管绝对压力传感器外观的检查</td><td colspan="4">□正常　□异常_____</td></tr>
<tr><td rowspan="4"></td><td>元件端子</td><td>ECM 端子</td><td>功能</td><td colspan="4">导线颜色</td></tr>
<tr><td></td><td></td><td></td><td colspan="4"></td></tr>
<tr><td></td><td></td><td></td><td colspan="4"></td></tr>
<tr><td></td><td></td><td></td><td colspan="4"></td></tr>
</table>

续表

检修过程	第二步：进气歧管绝对压力传感器搭铁电路的检测				
	检测端子	检测条件	标准值	测量值	结果分析
					□正常　□异常
	第三步：进气歧管绝对压力传感器供电电路的检测				
	检测端子	检测条件	标准值	测量值	结果分析
					□正常　□异常
	第四步：进气歧管绝对压力传感器信号电压的检测（不起动）				
	检测端子	检测条件	标准值	测量值	结果分析
					□正常　□异常
	第五步：进气歧管绝对压力传感器信号电压的检测（起动：怠速和节气门全开时）				
	检测端子	检测条件	标准值	测量值	结果分析
					□正常　□异常
					□正常　□异常
	第六步：进气歧管绝对压力传感器数据流的检测				
	检测条件	工况		检测结果	结果分析
		未起动			□正常　□异常
		怠速			□正常　□异常
		中高速			□正常　□异常
	第七步：进气歧管绝对压力传感器控制信号波形的检测				
	检测端子	检测条件	正表笔连接	负表笔连接	结果分析
					□正常　□异常
	标准波形			检测波形	

第八步：故障结论和分析

元件损坏名称：	维修建议：□更换　□维修　□调整
线路故障区间：	维修建议：□更换　□维修　□调整
其他：	

检验与评估

进气歧管绝对压力传感器及控制电路的检修评价表			
姓名：	班级：		学号：
自评：□合格　□不合格		师评：□合格　□不合格	
互评：□合格　□不合格		日期：	

进气歧管绝对压力传感器及控制电路的检修评分细则								
序号	评分项	得分条件	分值	评分要求	自评	互评	师评
1	专业知识	□1. 能描述进气歧管绝对压力传感器的作用 □2. 能描述进气歧管绝对压力传感器的安装位置 □3. 能描述进气歧管绝对压力传感器的类型及工作原理 □4. 能描述进气歧管绝对压力传感器的控制电路	40	未完成1项扣10分，扣分不得超过40分			
2	专业技能能力	□1. 车辆安全防护、基本信息登记 □2. 车辆油、水、电的基本检查 □3. 进气歧管绝对压力传感器外观的检查 □4. 进气歧管绝对压力传感器搭铁电路的检测 □5. 进气歧管绝对压力传感器供电电路的检测 □6. 进气歧管绝对压力传感器信号电路的检测 □7. 进气歧管绝对压力传感器数据流的检测	50	未完成1项扣8分，扣分不得超过50分			
3	安全与素养	□1. 能积极主动参与学习，独立查阅资料 □2. 能与小组成员分工合作，不影响学习进度 □3. 能展示、分享小组学习成果 □4. 能独立规范操作 □5. 能正确使用维修、检验工具 □6. 能进行三不落地操作 □7. 能进行工位7S操作	10	未完成1项扣2分，扣分不得超过10分			
合计			100				

任务2.3　温度传感器及控制电路的检修

任务导入

有一辆吉利博越汽车出现怠速波动症状，技术经理安排你检查这辆汽车的进气温度传感器和冷却液温度传感器，判断其是否存在故障。请你找出这两个传感器，对其进行检查并判断是否存在故障。

任务目标

※知识目标

1. 能描述进气温度传感器的类型、安装位置和作用。

2. 能描述进气温度传感器的工作原理和各标准参数。

3. 能描述冷却液温度传感器的类型、安装位置和作用。

4. 能描述冷却液温度传感器的工作原理和各标准参数。

※能力目标

1. 能就车找到进气温度传感器，并对其类别进行判断，能看懂原理图与电路图。

2. 能对进气温度传感器进行维修更换作业，并能对发动机进行测试、检查及评估修复质量。

3. 能就车找到冷却液温度传感器，并对类别进行判断，能看懂原理图与电路图。

4. 能对冷却液温度传感器进行维修更换作业，并能对发动机进行测试、检查及评估修复质量。

5. 能正确使用诊断工具、仪器进行参数的检测，正确记录、分析各种检测结果并做出故障判断。

※素养目标

1. 具备独立进行资料信息查询的能力。

2. 具备一定的类比分析判断的能力。

3. 养成严谨的工作态度。

一、进气温度传感器

进气温度传感器 IATS（Intake Air Temperature Sensor）独立安装在进气管上或集成在空气流量计、进气歧管绝对压力传感器中，图 2-3-1 所示为进气温度传感器。

图 2-3-1　进气温度传感器

进气温度传感器的功用是检测进气温度，并将温度信号变换为电信号传送给 ECM，ECM 根据进气温度信号对喷油量、点火提前角进行修正，改善发动机的工作性能。

1. 进气温度传感器的工作原理

进气温度传感器内部是一个负温度系数热敏电阻 NTC（Negative Temperature Coefficient），其电阻值与温度高低成反比，即温度越低电阻值越大，温度越高电阻值越小，如图 2-3-2 所示。

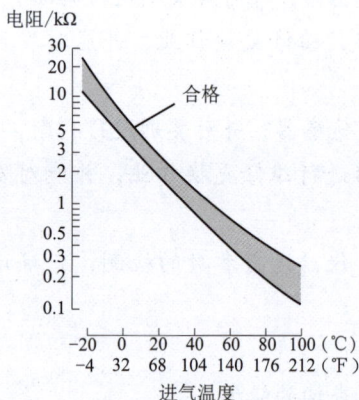

图 2-3-2　负温度系数热敏电阻阻值特性

2. 进气温度传感器的检修

图 2-3-3 所示为吉利博越汽车进气温度传感器电路图，2#线为温度信号线，1#线为搭铁线（与进气歧管绝对压力传感器共用）。负温度系数的热敏电阻与 ECM 内部的标准电阻 R 串联，信号电压（2#端子）即为热敏电阻上分得的电压。温度升高，热敏电阻减小，信号电压减小；温度降低，热敏电阻增大，信号电压增大。因此，通过测量信号电压的大小即可测得发动机的进气温度。

进气压力/温度传感器

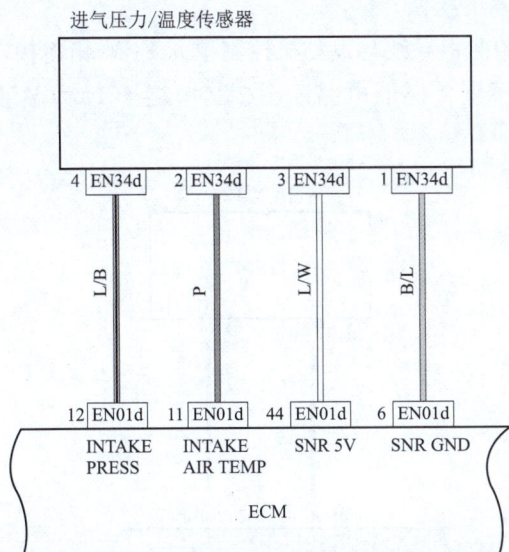

图 2-3-3　吉利博越汽车进气温度传感器电路图

通过汽车诊断仪可读出进气温度传感器的数据流，正常情况下进气温度基本与环境温度相同，当断开温度传感器插接器（电阻无穷大）或信号线对 5 V 电压短路时，数据流会显示-40℃；当温度传感器线束短路（电阻最小）或信号线对搭铁短路时，数据流会显示140℃，否则传感器、线路或者 ECM 就存在故障。

二、冷却液温度传感器

冷却液温度传感器 ECTS（Engine Coolant Temperature Sensor）一般安装在发动机出水口附近，其功用是检测发动机冷却液的温度，并将温度信号变换为电信号传送给 ECM，ECM 根据发动机的温度信号修正燃油喷射和点火正时，从而使发动机处于最佳运行状态。

1. 冷却液温度传感器的工作原理

冷却液温度传感器的工作原理与进气温度传感器相同，也是采用负温度系数的热敏电阻，其电阻特性如图 2-3-4 所示。

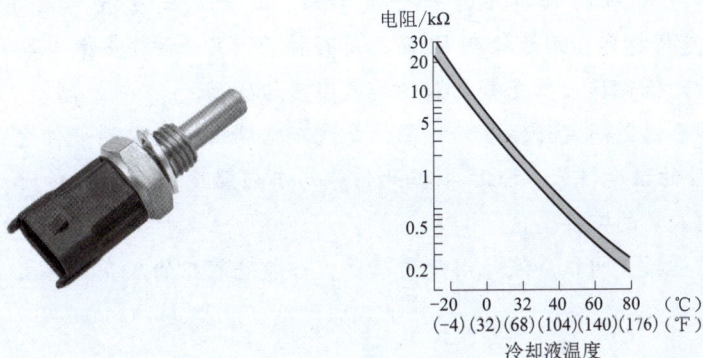

图 2-3-4　冷却液温度传感器的电阻特性

2. 冷却液温度传感器的检修

冷却液温度传感器的两根导线与发动机控制单元 ECM 相连接。图 2-3-5 所示为吉利博越汽车发动机冷却液温度传感器电路简图，其中端子 1# 为温度信号线，端子 2# 为搭铁线。

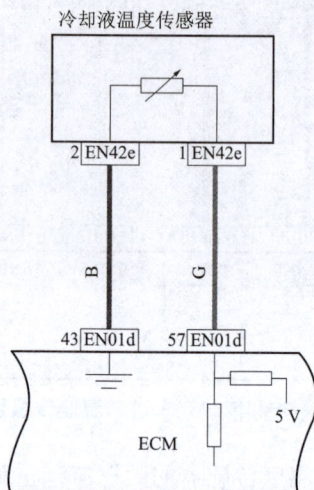

图 2-3-5　吉利博越汽车发动机冷却液温度传感器电路简图

通过汽车诊断仪可读出冷却液温度传感器的数据流，正常情况为 80~110℃。当断开插接器（电阻无穷大）或信号线对 5 V 电压短路时，数据流会显示 -40℃；当线束短路（电阻最小）或信号线对搭铁短路时，数据流会显示 140℃，否则传感器、线路或者 ECM 就存在故障。

知识拓展——汽车其他温度传感器简介

在汽车上，除了进气温度传感器和冷却液传温度传感器外，还有环境温度传感器（空调系统），以及燃油温度传感器、排气温度传感器、机油温度传感器等。车用温度类传感器的工作原理与电路和进气温度传感器基本相同。

燃油温度传感器安装在燃油管路或燃油箱中，其功用是检测燃油温度（影响蒸发和雾化），ECU 根据此信号对喷油量进行修正。

排气温度传感器有两种类型，一种是丰田、日产、三菱汽车采用的废气再循环（EGR）排气温度传感器，用于检测 EGR 阀是否打开；另一种是安装在排气管中，用于检测排气温度及三元催化反应器是否堵塞的排气温度传感器。

环境温度传感器又叫室外温度传感器，是汽车空调较为主要的部件之一，主要作用是给 ECU 提供车外的温度信号，ECU 根据此信号与车内温度信号进行对比，确定车内的温度，以满足车内人员的需要。

机油温度传感器又叫机油液位温度传感器，一般安装在油底壳上，主要用于检测机油温度和高度。

任务实施 🎧

　　本任务以吉利博越汽车为例，在车上预设进气温度传感器及冷却液温度传感器的故障，要求学生利用所学知识进行检修，并排除相关故障。

<table>
<tr><td colspan="5" align="center">任务 2.3　温度传感器及控制电路的检修</td></tr>
<tr><td>姓名：</td><td colspan="1">班级：</td><td colspan="2">学号：</td><td>日期：</td></tr>
<tr><td rowspan="5">准备工作</td><td colspan="4">车辆信息</td></tr>
<tr><td>品牌：</td><td>整车型号：</td><td>车辆识别代码：</td><td>发动机型号：</td></tr>
<tr><td></td><td></td><td></td><td></td></tr>
<tr><td colspan="4">检测工具耗材准备：</td></tr>
<tr><td colspan="4">制订检修计划及组员分工：</td></tr>
</table>

检修过程					

第一步：进气温度传感器外观的检查　□正常　□异常_____

元件端子	ECM 端子	功能	导线颜色

第二步：进气温度传感器内阻的检测

检测端子	检测条件	标准值	测量值	结果分析
				□正常　□异常

第三步：进气温度传感器搭铁电路的检测

检测端子	检测条件	标准值	测量值	结果分析
				□正常　□异常

第四步：进气温度传感器供电电路的检测

检测端子	检测条件	标准值	测量值	结果分析
				□正常　□异常

第五步：进气温度传感器数据流的检测

工况	检测条件	标准值	测量值	结果分析
正常				□正常　□异常
插头断开				□正常　□异常
线束短接				□正常　□异常

续表

<table>
<tr><td rowspan="20">检修过程</td><td colspan="5">第六步：冷却液温度传感器外观的检查</td><td colspan="4">□正常　□异常_____</td></tr>
<tr><td rowspan="3"></td><td>元件端子</td><td>ECM 端子</td><td>功能</td><td>导线颜色</td></tr>
<tr><td></td><td></td><td></td><td></td></tr>
</table>

检修过程	第六步：冷却液温度传感器外观的检查	□正常　□异常_____		
		元件端子	ECM 端子	功能	导线颜色

第七步：冷却液温度传感器内阻的检测

检测端子	检测条件	标准值	测量值	结果分析
				□正常　□异常

第八步：冷却液温度传感器搭铁电路的检测

检测端子	检测条件	标准值	测量值	结果分析
				□正常　□异常

第九步：冷却液温度传感器供电电路的检测

检测端子	检测条件	标准值	测量值	结果分析
				□正常　□异常

第十步：冷却液温度传感器数据流的检测

工况	检测条件	标准值	测量值	结果分析
正常				□正常　□异常
插头断开				□正常　□异常
线束短接				□正常　□异常

第十一步：故障结论和分析

元件损坏名称：	维修建议：□更换　□维修　□调整
线路故障区间：	维修建议：□更换　□维修　□调整
其他：	

检验与评估

温度传感器及控制电路的检修评价表		
姓名：	班级：	学号：
自评：□合格　□不合格		师评：□合格　　□不合格
互评：□合格　□不合格		日期：

温度传感器及控制电路的检修评分细则							
序号	评分项	得分条件	分值	评分要求	自评	互评	师评
1	专业知识	□1. 能描述进气温度传感器的功用及安装位置 □2. 能描述进气温度传感器的类型及工作原理 □3. 能描述进气温度传感器的控制电路 □4. 能描述冷却液温度传感器的功用及安装位置 □5. 能描述冷却液温度传感器的类型及工作原理 □6. 能描述冷却液温度传感器的控制电路	40	未完成 1 项扣 8 分，扣分不得超过 40 分			
2	专业技能能力	□1. 车辆安全防护、基本信息登记 □2. 车辆油、水、电的基本检查 □3. 车辆仪表的检查 □4. 进气温度传感器外观的检查 □5. 进气温度传感器内阻的检测 □6. 进气温度传感器搭铁电路的检测 □7. 进气温度传感器供电电路的检测 □8. 进气温度传感器数据流的检测 □9. 冷却液温度传感器外观的检查 □10. 冷却液温度传感器内阻的检测 □11. 冷却液温度传感器搭铁电路的检测 □12. 冷却液温度传感器供电电路的检测 □13. 冷却液温度传感器数据流的检测	50	未完成 1 项扣 5 分，扣分不得超过 50 分			
3	安全与素养	□1. 能积极主动参与学习，独立查阅资料 □2. 能与小组成员分工合作，不影响学习进度 □3. 能展示、分享小组学习成果 □4. 能独立规范操作 □5. 能正确使用维修、检验工具 □6. 能进行三不落地操作 □7. 能进行工位 7S 操作	10	未完成 1 项扣 2 分，扣分不得超过 10 分			
合计			100				

任务2.4 电子节气门控制系统与怠速控制系统的检修

任务导入

有一辆吉利博越汽车出现怠速波动症状，技术经理安排你检查这辆车的电子节气门，判断其是否存在故障。请你找出该车的电子节气门，了解怠速控制系统，对其进行检查并判断是否存在故障。

任务目标

※**知识目标**

1. 能描述电子节气门控制系统的结构组成与工作原理。

2. 能描述电子节气门位置传感器的类型、安装位置、作用、工作原理和各标准参数。

3. 能描述加速踏板位置传感器的类型、安装位置、作用、工作原理和各标准参数。

4. 能描述怠速控制系统的结构组成与工作原理。

※**能力目标**

1. 能就车找到电子节气门位置传感器，并对其类别进行判断，能看懂原理图与电路图。

2. 能对电子节气门位置传感器进行检测、维修和更换作业，并能对发动机进行测试、检查和评估修复质量。

3. 能对加速踏板位置传感器进行检测、维修和更换作业，并能对发动机进行测试、检查和评估修复质量。

4. 能正确使用诊断工具、仪器进行参数的检测，正确记录、分析各种检测结果并做出故障判断。

※**素养目标**

1. 具备独立进行资料信息查询的能力。

2. 具备一定的展示、分享的能力。

3. 具备一定的比较、分析、判断的能力。

4. 养成严谨的工作态度。

一、节气门体总成概述

1. 机械拉索式节气门

机械拉索式节气门是一个圆形的钢片，中间有一根轴和节气门拉索连接，并由节气门拉索控制。机械拉索式节气门由机械执行器、节气门片和节气门位置传感器三部分组成，如图 2-4-1 所示。当驾驶人踩下加速踏板时，通过机械机构拉动节气门拉索，节气门拉索拉动节气门轴转动，节气门片随节气门轴转动。

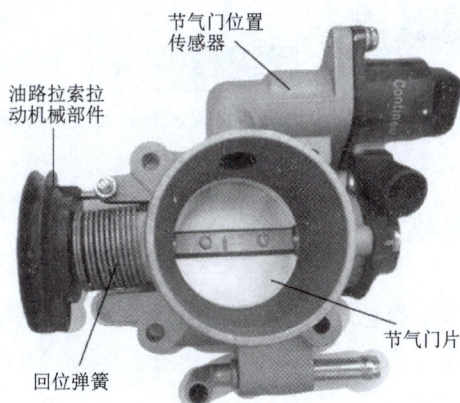

节气门位置传感器

油路拉索拉动机械部件

回位弹簧

节气门片

图 2-4-1 机械拉索式节气门结构

2. 电子节气门

电子节气门是一种柔性控制系统，通过节气门体上的电动机驱动节气门，取消了传统节气门与加速踏板之间的直接机械连接，在 ECU 的控制下，可实现节气门开度的快速、精确控制，如图 2-4-2 所示。

图 2-4-2 电子节气门

相对于传统的机械式节气门，电子节气门系统能根据驾驶人的需求以及整车各种行驶状况确定节气门的最佳开度，保证车辆最佳的动力性和燃油经济性，并能够为防抱死制动系统（ABS）、滑移率控制（ASR）、牵引力控制（TRC）、巡航控制（CCS）等控制功能的实现奠定基础，从而提高安全性和乘坐舒适性，故被广泛使用。

电子节气门系统的节气门开度并不完全由加速踏板位置决定，而是由控制单元根据当前行驶状况下整车对发动机的全部转矩需求，计算出节气门的最佳开度，从而控制电动机驱动节气门达到相应的开度，其控制原理如图 2-4-3 所示。

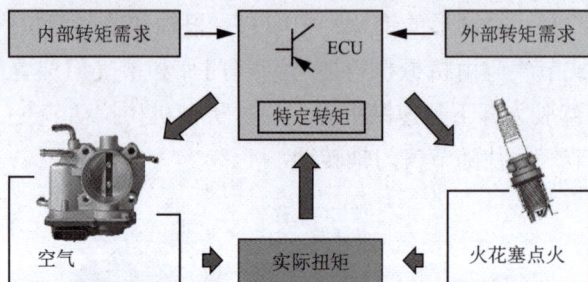

图 2-4-3　基于发动机转矩需求的节气门控制原理

二、电子节气门体总成

图 2-4-4 所示为电子节气门总成的结构，它由节气门体、步进电动机、减速齿轮和节气门位置传感器等组成。

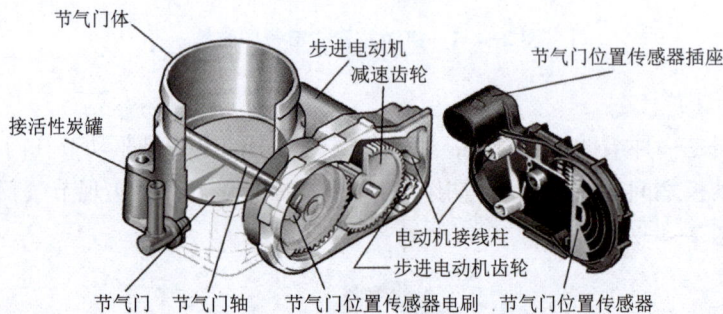

图 2-4-4　电子节气门总成的结构

当驾驶人踩下加速踏板时，加速踏板位置传感器将加速踏板的位置信号传送给发动机 ECU，发动机 ECU 根据发动机转速信号、加速踏板位置信号等计算出节气门转动角度，由步进电动机或直流电动机驱动，使节气门在怠速位置和全开位置之间准确定位。发动机 ECU 通过罩壳内两个节气门位置传感器来反馈节气门的位置信号，以判断发动机 ECU 对节气门电动机的控制是否正确。

在怠速时节气门并不完全关闭，而是由两只扭簧定位在应急开度位置，并通过控制电动机的双向转动进行控制：控制电动机的反向电流可使节气门的应急开度向小关闭，从而实现怠速区域的自动控制；控制电动机的正向电流可使节气门的应急开度向大开启，保证

正常行车控制。

三、节气门位置传感器

节气门位置传感器（Throttle Position Sensor，TPS）安装在节气门体上节气门轴的一端，其功用是将节气门开度（发动机负荷大小）转变为电信号输入 ECM，ECM 根据节气门位置信号判别发动机的工况，如怠速工况、部分负荷工况和大负荷工况等。现在轿车节气门位置传感器主要有线性可变电阻式（电位计式）和霍尔式两种。

1. 线性可变电阻式节气门位置传感器

线性可变电阻式节气门位置传感器主要由油膜电阻和滑动触头组成，如图 2-4-5 所示。出于安全考虑，其使用了两个角度传感器。油膜电阻形成四条轨道，安装在端盖上，由线路与接线端头相连。滑动触头有四个，安装在节气门驱动齿轮上，四个滑动触头分为两组，每组由线路内部连通，四个滑动触头压靠在四条滑膜电阻轨道上。当节气门驱动齿轮转动时，带动滑动触头在滑膜电阻上滑动，由于滑动触头在滑膜电阻上的位置变化使接线间的电阻值改变，故当传感器通电时就会输出与节气门位置对应的电压信号。

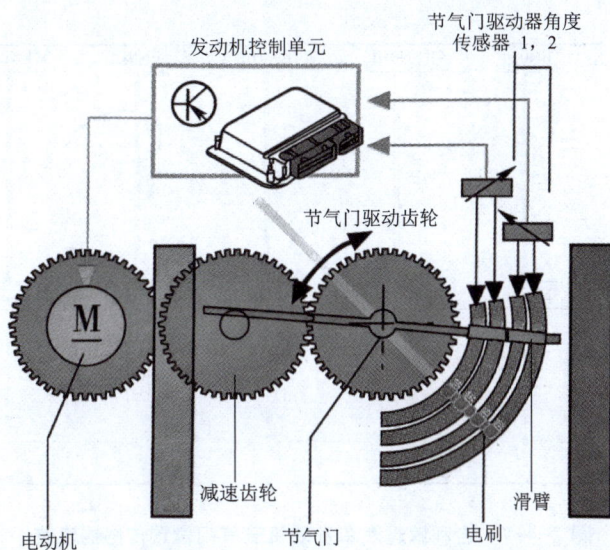

图 2-4-5　线性可变电阻式节气门位置传感器

线性可变电阻式节气门位置传感器采用两个节气门角度传感器，传感器两两反接，实现阻值的反向变化。当对两个传感器施加相同的电压时，两者输出的角度信号也相应反向变化，且其和始终等于 100%，如图 2-4-6 所示。

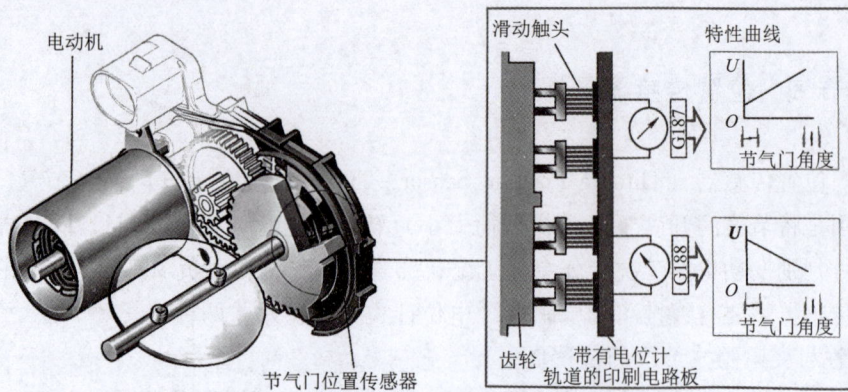

图 2-4-6　两个节气门角度传感器信号反向变化

吉利博越汽车发动机节气门位置传感器电路如图 2-4-7 所示。

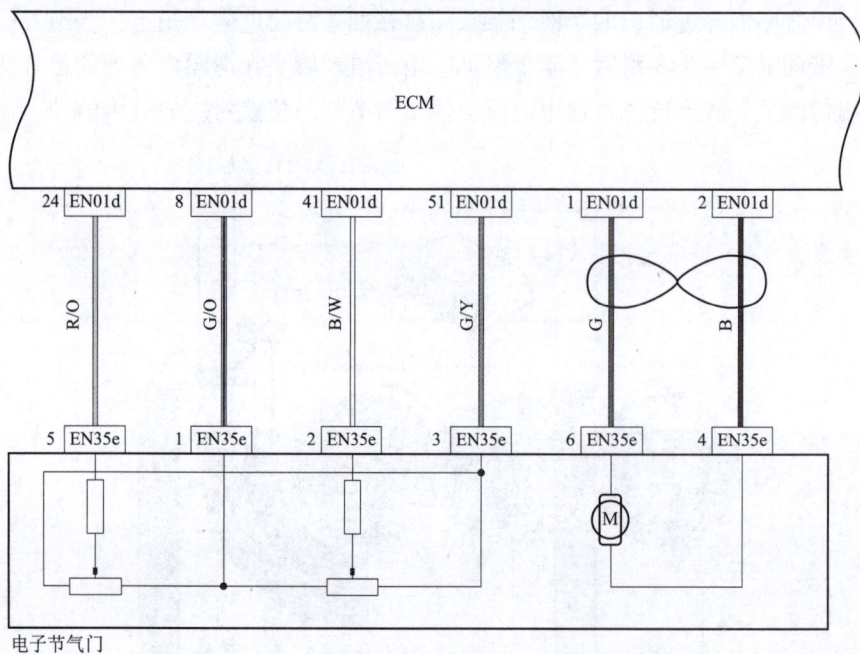

图 2-4-7　吉利博越汽车发动机节气门位置传感器电路

2. 霍尔式节气门位置传感器

霍尔式节气门位置传感器内有两个传感器电路 VTA1 和 VTA2，VTA1 用于检测节气门开度，VTA2 用于检测 VTA1 故障。其信号电压与节气门开度成正比，在 0~5 V 之间变化，并将信号传送给 ECM 的 VTA 端子，如图 2-4-8 所示，ECM 根据这些信号来计算节气门开度并响应驾驶人的输入来控制节气门电动机，以及计算空燃比修正值和实现燃油切断。霍尔式节气门位置传感器电压输出特性如图 2-4-9 所示。

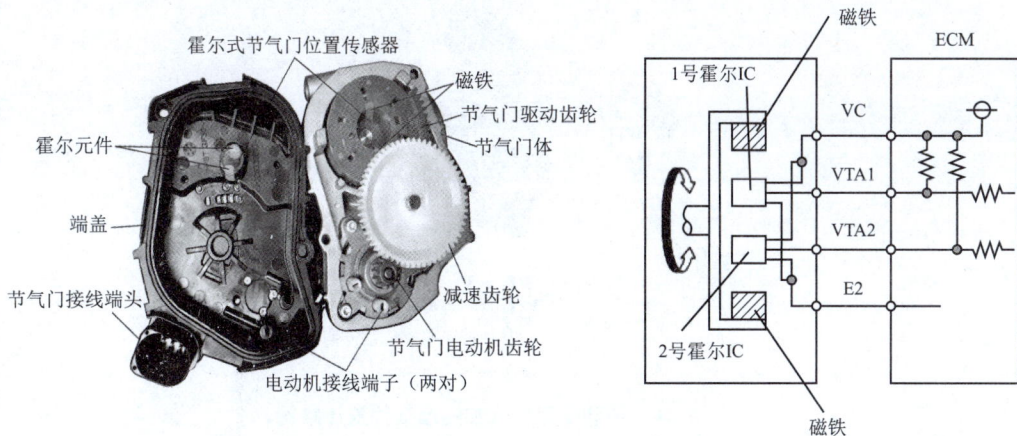

图 2-4-8 霍尔式节气门位置传感器

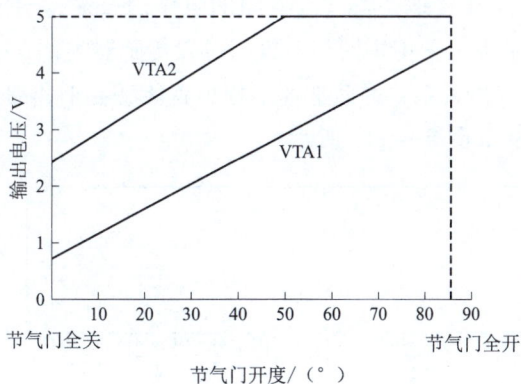

图 2-4-9 霍尔式节气门位置传感器电压输出特性

霍尔式节气门位置传感器的导通性不能用万用表检测，其性能好坏可以通过示波器检测信号的电压波形来进行判断。

三、加速踏板位置传感器

加速踏板位置传感器用于检测加速踏板的瞬时位置，发动机控制单元利用该传感器的信号控制电子节气门的动作。

为了保证加速踏板位置传感器的可靠性，使用了两个传感器，称为"冗余系统"。加速踏板位置传感器有滑动变阻器式和霍尔式两种。

滑动变阻器式加速踏板位置传感器如图 2-4-10 所示，它由踏板机构、滑动片、加速踏板位置传感器 1、加速踏板位置传感器 2 组成，安装在加速踏板支架上。两个加速踏板位置传感器实际上都是一个线性电位器，其利用滑动变阻器原理将加速踏板移动量转换成带有不同输出特性的两类电子信号，然后信号被输入给发动机 ECU，进而实现对节气门的控制。

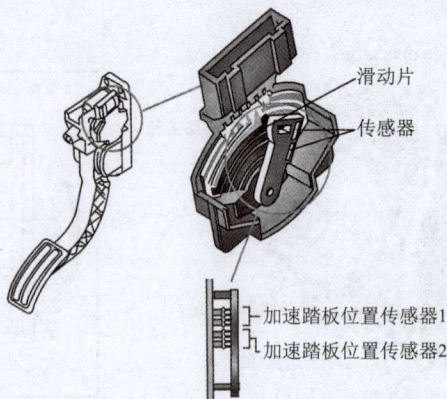

滑动片
传感器
加速踏板位置传感器1
加速踏板位置传感器2

图 2-4-10　滑动变阻器式加速踏板位置传感器

吉利博越汽车发动机加速踏板位置传感器电路如图 2-4-11 所示，每个传感器由 ECU 提供 5 V 的电压，并经 ECM 接地，将滑动变阻的电压信号输送给电控单元。传感器上装有一个串联电阻。加速踏板位置传感器与节气门位置传感器类似，不过其信号角度设计为 $V_1 = 2V_2$，即两组角度为 2 倍关系，因此加速踏板位置传感器 1 和加速踏板位置传感器 2 就有两条不同的特性曲线，如图 2-4-12 所示。

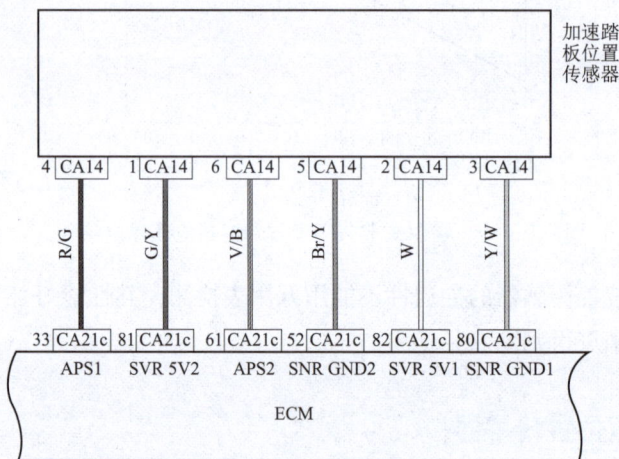

加速踏板位置传感器

4 CA14	1 CA14	6 CA14	5 CA14	2 CA14	3 CA14
R/G	G/Y	V/B	Br/Y	W	Y/W

33 CA21c	81 CA21c	61 CA21c	52 CA21c	82 CA21c	80 CA21c
APS1	SVR 5V2	APS2	SNR GND2	SVR 5V1	SNR GND1

ECM

图 2-4-11　吉利博越汽车发动机加速踏板位置传感器电路

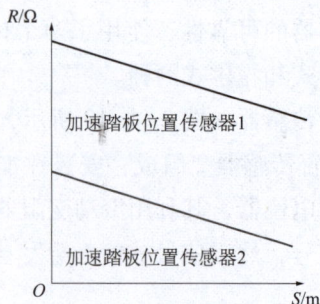

R/Ω

加速踏板位置传感器1

加速踏板位置传感器2

O　　　　　　S/m

图 2-4-12　传感器输出特性

重要提示:

如果两个传感器中有一个传感器信号失真或中断,而另一个传感器处于怠速工况,则发动机进入怠速工况;若另一个传感器处于负荷工况,则发动机转速上升缓慢;若两个传感器同时出现故障,则发动机高怠速(1 500 r/min)运转。

四、怠速控制系统

怠速是指发动机在无负荷(对外无功率输出)情况下的稳定运转状态。当电控发动机怠速运转时,加速踏板完全松开,节气门接近关闭,进入气缸的空气量及喷油量很少,发动机输出功率仅能在无负荷状态下以最低转速空运行。此时,若发动机内摩擦增大、发动机负载发生变化(如空调等投入工作),则会引起发动机怠速转速变化,导致发动机怠速不稳,甚至熄火。因此,在电控发动机上一般都装有怠速控制系统(Idle Speed Control,ISC)。

1. 怠速控制系统的功能

怠速控制系统的功能是根据发动机的工作温度和负载,由 ECM 自动控制怠速工况下的空气供给量,维持发动机以稳定怠速运转。怠速控制系统能使发动机起动后迅速暖机;在空调等负载投入工作时,自动调节发动机的怠速转速;还可根据自动变速器挡位状况变化和动力转向开关接通情况引起发动机怠速时的负荷变化,自动调节发动机怠速转速,保证发动机在各种怠速条件下稳定运转。

2. 怠速控制系统的组成与原理

怠速控制系统主要由传感器、ECM 和执行元件三部分组成,如图 2-4-13 所示,怠速控制系统是发动机集中控制的基本控制内容之一。

在怠速控制系统中,ECM 首先需根据节气门位置信号、发动机转速信号及车速信号识别确认发动机在怠速工况后,才能进行怠速控制。怠速工况下,ECM 的 ROM 中存储有各种怠速工况下的最佳怠速转速——目标转速,ECM 将发动机的实际转速与由各传感器信号所决定的目标转速进行比较,根据比较所得差值,确定控制量,驱动控制进气量的执行器(怠速控制阀或节气门电动机)调节进气量,使怠速转速保持在目标转速附近。怠速控制的目的是使发动机达到目标转速,其实质是控制怠速时的进气量。

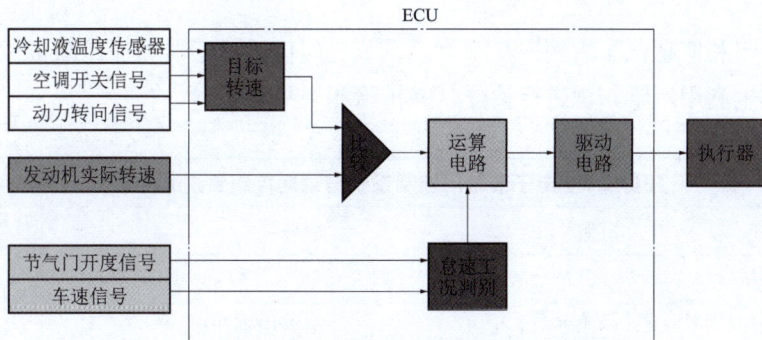

图 2-4-13 怠速控制系统的组成

机械式节气门的怠速触点一般布在节气门位置传感器上，在电子节气门中省略了怠速触点，怠速工况识别不在节气门位置传感器上，而转移到加速踏板位置传感器上。ECM主要根据加速踏板位置传感器的两个信号识别驾驶人右脚是否正在踩加速踏板，如果输出电压低于一个限定值，则 ECM 自动识别为怠速，ECM 控制电动机在怠速控制范围内控制节气门；如果输出电压高于一个限定值，则 ECM 自动识别为非怠速。

3. 怠速控制系统的分类

电控汽油发动机怠速控制系统按控制怠速进气量方式的不同，可分为节气门直动式和进气道旁通式，如图 2-4-14 所示。

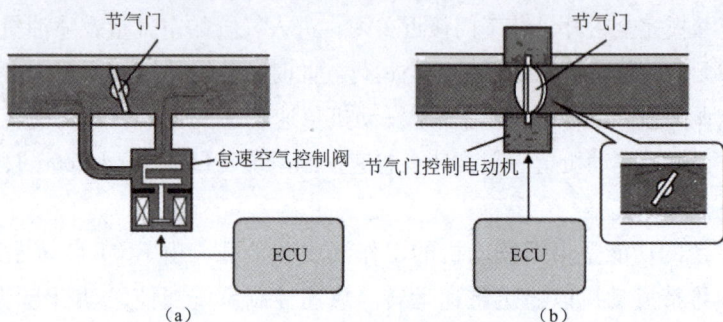

图 2-4-14　怠速控制系统的两种类型
（a）进气旁通式；（b）节气门直动式

进气道旁通式怠速控制系统，怠速时节气门全关，怠速所需空气量通过节气门体上另设的旁通空气道进入气缸。旁通空气道上安装有怠速空气控制阀，以调节旁通空气道的大小，进而调节怠速时的进气量。按怠速空气控制阀种类的不同，其可分为步进电动机型、旋转电磁阀型和占空比控制电磁阀型，其中步进电动机型怠速控制阀调节准确、工作可靠，因此应用广泛。

节气门直动式怠速控制系统，怠速时节气门不完全关闭，直接通过执行元件改变节气门最小开度来控制怠速进气量，进而控制转速，即控制怠速时节气门的最小开度。

任务实施

本任务以吉利博越汽车为例，在车上预设节气门位置传感器和加速踏板位置传感器的故障，要求学生利用所学知识进行检修，并排除相关故障。

任务2.4　电子节气门控制系统与怠速控制系统的检修							
姓名：		班级：		学号：		日期：	
准备工作	车辆信息						
	品牌：		整车型号：		车辆识别代码：		发动机型号：

准备工作	检测工具耗材准备：
	制订检修计划及组员分工：

检修过程		

第一步：电子节气门体外观的检查   □正常   □异常_____

元件端子	ECM 端子	功能	导线颜色

第二步：节气门位置传感器搭铁电路的检测

检测端子	检测条件	标准值	测量值	结果分析
				□正常 □异常

第三步：节气门位置传感器供电电路的检测

检测端子	检测条件	标准值	测量值	结果分析
				□正常 □异常

第四步：节气门位置传感器信号电路的检测

检测端子	检测条件	标准值	测量值	结果分析
				□正常 □异常
				□正常 □异常

第五步：电子节气门电动机脉冲调制控制信号的检测

检测端子	检测条件	正表笔连接	负表笔连接	结果分析
				□正常 □异常
				□正常 □异常

标准波形	检测波形

检修过程	第六步：加速踏板位置传感器外观的检查	□正常　□异常＿＿＿＿＿			
		元件端子	ECM 端子	功能	导线颜色

第七步：加速踏板位置传感器搭铁电路的检测

检测端子	检测条件	标准值	测量值	结果分析
				□正常　□异常
				□正常　□异常

第八步：加速踏板位置传感器供电电路的检测

检测端子	检测条件	标准值	测量值	结果分析
				□正常　□异常
				□正常　□异常

第九步：加速踏板位置传感器信号电路的检测

检测端子	检测条件	标准值	测量值	结果分析
				□正常　□异常
				□正常　□异常

第十步：故障结论和分析

元件损坏名称：	维修建议：□更换　□维修　□调整
线路故障区间：	维修建议：□更换　□维修　□调整
其他：	

检验与评估

电子节气门控制系统与怠速控制系统的检修评价表		
姓名：	班级：	学号：
自评：□合格　□不合格		师评：□合格　□不合格
互评：□合格　□不合格		日期：

续表

电子节气门控制系统与怠速控制系统的检修评分细则							
序号	评分项	得分条件	分值	评分要求	自评	互评	师评
1	专业知识	□1. 能描述电子节气门控制系统的结构组成和工作原理 □2. 能描述节气门位置传感器的功用及安装位置 □3. 能描述节气门位置传感器的类型及工作原理 □4. 能描述节气门位置传感器的控制电路 □5. 能描述加速踏板位置传感器的功用及安装位置 □6. 能描述加速踏板位置传感器的类型及工作原理 □7. 能描述加速踏板位置传感器的控制电路 □8. 能描述怠速控制系统的结构组成与工作原理	40	未完成 1 项扣 6 分，扣分不得超过 40 分			
2	专业技能能力	□1. 车辆安全防护、基本信息登记 □2. 车辆油、水、电的基本检查 □3. 电子节气门位置传感器外观的检查 □4. 电子节气门位置传感器搭铁电路的检测 □5. 电子节气门位置传感器供电电路的检测 □6. 电子节气门位置传感器信号电路的检测 □7. 电子节气门位置传感器信号波形的检测 □8. 电子节气门电动机脉冲调制控制信号的检测 □9. 加速踏板位置传感器外观的检查 □10. 加速踏板位置传感器搭铁电路的检测 □11. 加速踏板位置传感器供电电路的检测 □12. 加速踏板位置传感器信号电路的检测	50	未完成 1 项扣 5 分，扣分不得超过 50 分			

序号	评分项	得分条件	分值	评分要求	自评	互评	师评
3	安全与素养	□1. 能积极主动参与学习，独立查阅资料 □2. 能与小组成员分工合作，不影响学习进度 □3. 能展示、分享小组学习成果 □4. 能独立规范操作 □5. 能正确使用维修、检验工具 □6. 能进行三不落地操作 □7. 能进行工位 7S 操作	10	未完成 1 项扣 2 分，扣分不得超过 10 分			
		合计	100				

任务 2.5 进气控制系统的检修

任务导入 🎧

有一辆吉利博越汽车出现怠速波动症状，技术经理安排你检查这辆车的进气辅助控制系统，判断其是否存在故障。请你找出该车进气辅助控制系统的结构，了解其工作原理，对其进行检查并判断是否存在故障。

任务目标 🎧

※知识目标

1. 能描述可变进气控制系统的结构组成与工作原理。
2. 能描述可变配气相位系统的结构组成与工作原理。
3. 能描述废气涡轮增压控制系统的结构组成与工作原理。

※能力目标

1. 能就车找到进气控制系统的各个部件，并对其进行检查。
2. 能正确使用诊断工具、仪器，进行参数的检测，正确记录、分析各种检测结果并做出故障判断。
3. 能对进气控制系统进行维修更换作业，并能对发动机进行测试、检查及评估修复质量。

※素养目标

1. 具备独立进行资料信息查询的能力。
2. 具备一定的展示、分享的能力。
3. 具备一定的比较、分析、判断的能力。
4. 养成严谨的工作态度。

相关知识 🎧

一、可变进气技术

为了提高进气量，改善发动机动力性能，可变进气技术在车用发动机上得到了广泛的应用。可变进气技术是指随着使用工况及要求的变化，使相关系统的结构或参数做相应的变化，从而使发动机在各种工况下动力性指标（功率和转矩）能得到大幅的提高。可变进气技术涉及范围较广，其中主要的有可变进气系统和可变配气相位系统。而可变进气系统主要的结构措施有谐波增压控制系统和可变进气管截面积控制系统等。

1. 可变进气系统

（1）谐波增压控制系统

进气谐波增压控制系统也称为可变惯性增压进气控制系统 ACIS（Acoustic Control Induction System），其利用了进气管内压力波与进气门的开启配合，当进气门开启时，使反射回来的压力波正好传到该气门附近，从而形成进气增压的效果，提高发动机的充气效率和功率。进气谐波增压控制系统由真空电磁阀、真空拉力器、进气控制阀、真空罐、长进气道和短进气道等组成，其工作原理如图 2-5-1 所示，ECU 根据转速信号控制谐振室真空电磁阀的开闭。低速时，真空电磁阀电路不通，真空罐的真空度不能进入真空气室，受真空气室控制的进气增压控制阀处于关闭状态，此时压力波在进气管中传播的长度长，以适应低速区域形成气体动力增压效果。高速时，ECU 接通谐振室真空电磁阀的电路，将进气增压控制阀打开，真空罐的真空度进入真空气室，吸动膜片，从而将进气增压控制阀打开，由于大容量空气室的参与，故缩短了压力波的传播距离（进气门与谐振室），使发动机在高速区域也得到较好的气体动力增压效果。

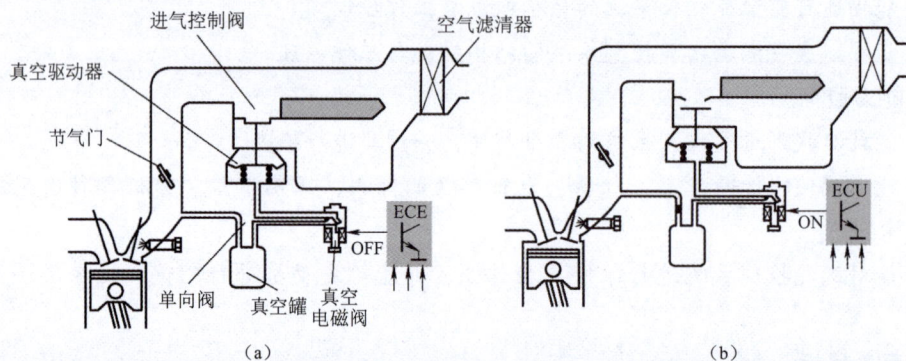

图 2-5-1 谐波增压控制系统的组成及工作原理
（a）真空电磁阀关闭、进气增压控制阀关闭；（b）真空电磁阀打开、进气增压控制阀打开

（2）可变进气管截面积控制系统（动力阀控制系统）

可变进气管截面积控制系统通过动力阀来控制发动机进气道空气流通截面的大小，以适应发动机不同转速和负荷时的进气量需求，在进气量较少的低速、小负荷工况下使进气道空气流通截面面积减小，提高进气流速，增大进气惯性，加强气缸内的涡流强度，以提高发动机充气效率，改善发动机低速性能；而在进气量较多的高速、大负荷工况下，增大进气空气流通截面面积，以减小进气阻力，有利于改善发动机的高速性能。动力阀控制系统由真空电磁阀、真空控制阀和动力阀（进气翻板）等组成。控制进气道空气流通截面面积大小的动力阀安装在进气管上，动力阀的开闭由真空控制阀控制动作，ECU 根据各传感器信号通过真空电磁阀控制真空罐和真空控制阀的真空通道。如图 2-5-2 所示。

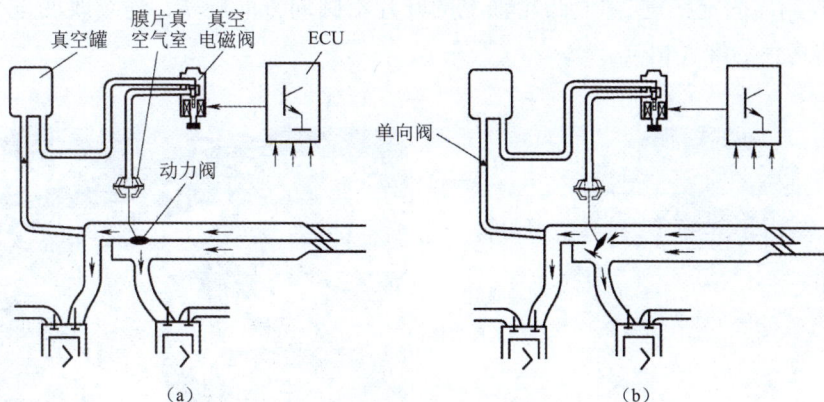

图 2-5-2　动力阀控制系统的组成及工作原理

（a）真空电磁阀打开、动力阀关闭；（b）真空电磁阀关闭、动力阀打开

2. 可变配气相位系统

合理选择气门正时、保证最好的充气效率，是改变发动机性能极为重要的技术问题。理想的气门正时应当是根据发动机工作情况及时做出调整，应具有一定程度的灵活性。可变配气正时控制系统能够提高发动机功率及转矩，减少发动机排放量，降低发动机耗油量。不同车系采用的可变配气正时控制系统的结构不尽相同，下面介绍两种典型的结构。

（1）丰田车系智能可变配气正时（VVT-i）控制系统

丰田汽车公司智能可变配气正时（VVT-i）控制系统是一种控制进/排气凸轮轴气门正时的系统。该系统在进/排气凸轮轴与传动链之间装有油压离合装置，让进/排气凸轮轴与链轮之间转动的相位差可以改变，通过调整凸轮轴转角对气门正时进行优化，其结构如图 2-5-3 所示。

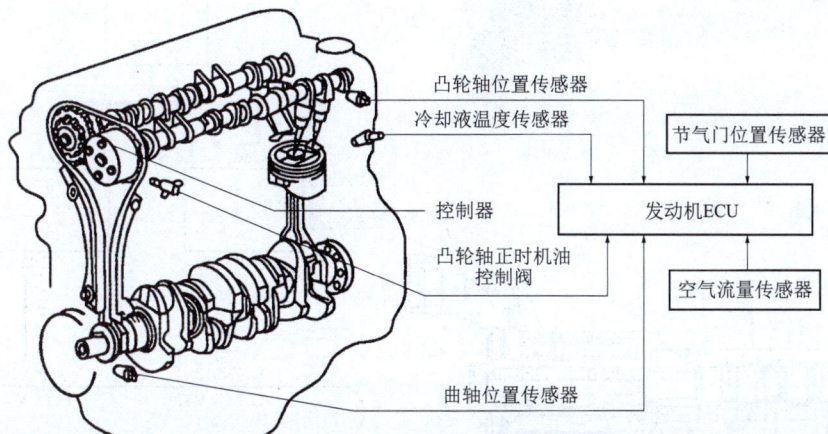

图 2-5-3　丰田车系 VVT-i 控制系统的组成结构

1）VVT-i 控制器。

VVT-i 控制器固定在进/排气凸轮轴上，其结构如图 2-5-4 所示。在凸轮轴正时机油控制阀的控制下，可在进/排气凸轮轴上的气门正时提前和滞后液压油路中传递机油压力，

使 VVT-i 控制器固定在进/排气凸轮轴上的叶片沿圆周方向旋转，连续改变进/排气门正时，以获得最佳的配气相位。

图 2-5-4　吉利博越汽车发动机 VVT-i 控制器结构

2）凸轮轴正时机油控制阀。

凸轮轴正时机油控制阀由滑阀、用来控制滑阀移动的线圈、柱塞及复位弹簧等组成，吉利博越汽车发动电凸轮轴控制阀外形及结构如图 2-5-5（a）和图 2-5-5（b）所示。

工作时，发动机 ECU 接收各传感器传来的信号，经分析、计算后发出控制指令对凸轮轴正时机油进行控制，以此控制滑阀的位置来控制机油的流向，从而控制 VVT-i 控制器顺时针或逆时针转动，进行配气正时调节。

吉利博越汽车发动机凸轮轴正时机油控制阀电路图如图 2-5-5（c）所示。

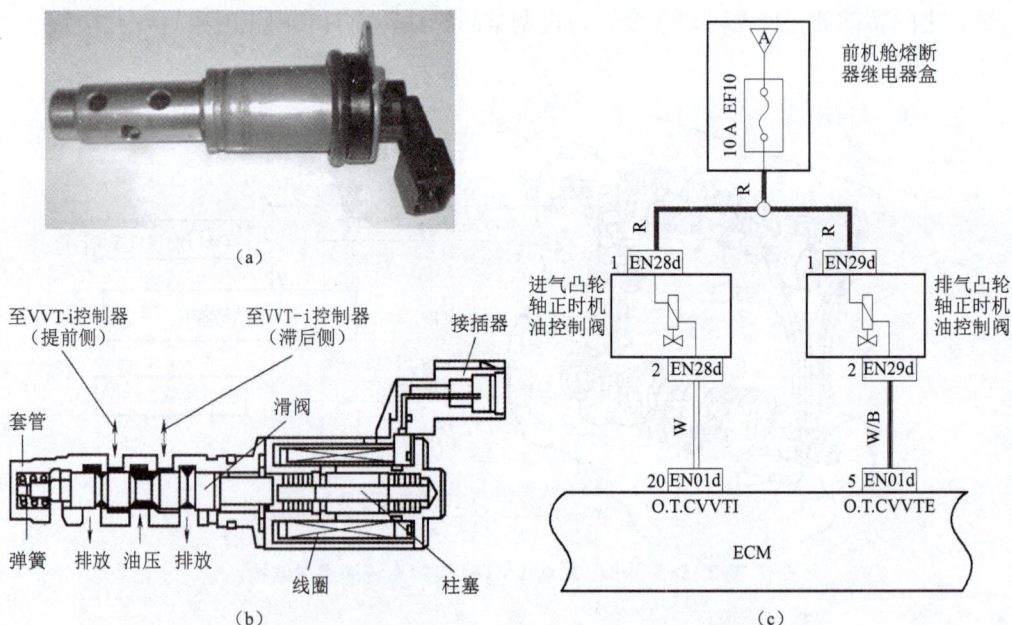

图 2-5-5　吉利博越汽车发动机凸轮轴正时机油控制阀

（a）外形；（b）结构；（c）电路图

3）工作原理。

凸轮轴正时机油控制阀根据发动机 ECU 的控制指令选择至 VVT-i 控制器的不同油路，使之处于提前、滞后或保持这三个不同的工作状态。此外，发动机 ECU 根据来自凸轮轴位置传感器和曲轴位置传感器的信号检测实际的气门正时，对配气控制系统进行反馈控制，以获得预定的配气正时。发动机起动时，进气凸轮轴处于"延迟"限位位置，排气凸轮轴在发动机起动时通过一个弹簧预先张紧并保持在"提前"位置处。电磁阀未通电时，凸轮轴就会在机油压力的作用下固定在限位位置处。当处于应急运行模式时，电磁阀不通电，进气凸轮轴处于"延迟"位置，排气凸轮轴处于"提前"位置。

（2）本田车系智能可变配气正时及气门升程电子控制系统（VTEC）

本田车系可变配气正时及气门升程电子控制系统（VTEC）的功用是使气门正时和气门升程根据发动机转速的变化做出相应的实时调整，使气缸的充气量同时能够满足发动机低转速和高转速下的不同需要，从而提高了发动机的动力性和经济性。发动机 ECU 接收传感器（包括转速传感器、进气压力传感器、车速传感器、冷却液温度传感器等）的信号并进行处理，输出相应的控制信号，通过电磁阀调节摇臂活塞液压系统，使发动机在不同的转速工况下由不同的凸轮控制，从而控制进气门的升程和开启时间。

二、进气增压技术

发动机增压是利用专门的装置将空气预先进行压缩再送入气缸的过程，虽然气缸的工作容积不变，但因增压后每个循环进入气缸的气体密度增大，故使实际充气量增加，这样可以向缸内喷入更多的燃料并保证充分的燃烧。增压技术在汽车发动机上的应用已相当广泛，采用增压的目的不仅是提高发动机的升功率或进行高压补偿，更重要的是能降低燃油消耗率、降低排放污染和减小噪声。增压的方式很多，如废气涡轮增压、机械增压、气波增压和复合增压等，现代汽车发动机以废气涡轮增压为主，这是由于采用废气涡轮增压，不仅能够充分利用废气能量，提高发动机热效率，同时由于废气涡轮使排气背压提高，有利于降低排气噪声，也有利于废气中 HC 和 CO 在排气管内的继续燃烧。

1. 废气涡轮增压控制系统组成

废气涡轮增压控制系统是利用发动机排出的废气能量来驱动增压装置进行工作的，其系统（图 2-5-6 示为真空控制旁通阀式的废气涡轮增压控制系统）主要由涡轮增压器、中冷器和控制装置组成，如图 2-5-6 所示。当发动机工作时，发动机排出的废气冲击安装在排气管道中的动力涡轮，使动力涡轮转动。同时，动力涡轮带动与其同轴的安装在进气管道中的增压涡轮，使其一块转动。增压涡轮相当于一个空气压缩机，可将进气管道内的空气增压后送至气缸，以提高发动机的进气量及发动机的输出功率。

另外，为了降低增压后空气的温度，在进气管道中通常安装有中冷器，以对增加后的空气进行冷却；为了实现对增压系统的压力进行控制，还装有压力传感器、电磁阀及 ECU 等控制装置。

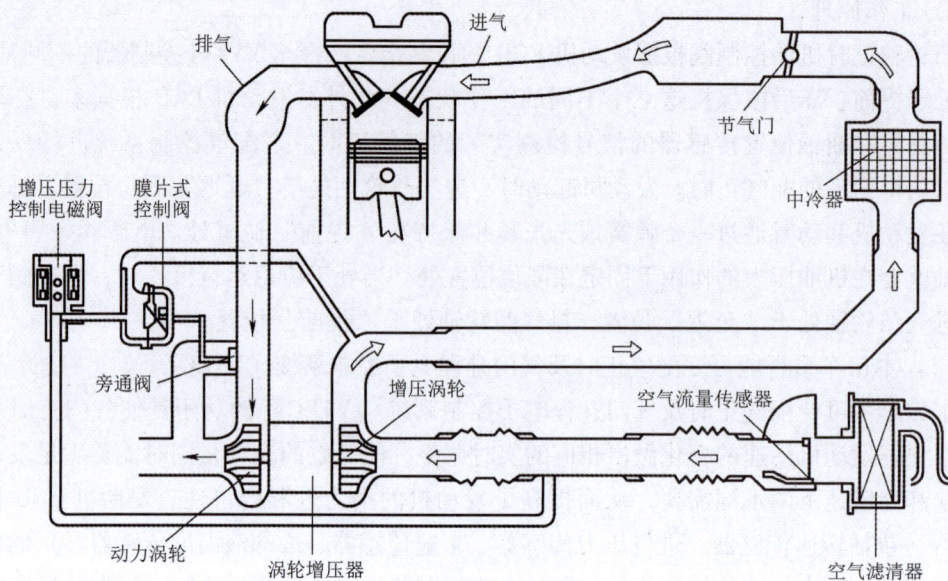

图 2-5-6　废气涡轮增压控制系统的组成

2. 控制过程

废气涡轮增压控制系统的主要控制内容就是对增压压力进行控制。根据其控制方法的不同，可分为旁通气道式、节流阀式和可调叶片式。旁通气道式增压控制是利用旁通阀控制流经涡轮的废气量，节流阀式增压控制是利用节流阀控制涡轮进气口的流通截面，可调叶片式增压控制是利用可调叶片控制涡轮受力的有效截面，其最终都是通过改变废气流经涡轮的速度来实现的。

目前在汽油发动机上主要采用旁通气道式废气涡轮增压控制系统。旁通气道式废气涡轮增压控制系统根据废气旁通阀控制方式的不同又可分为真空控制旁通阀式和电动控制旁通阀式两种，如图 2-5-7 和图 2-5-8 所示。

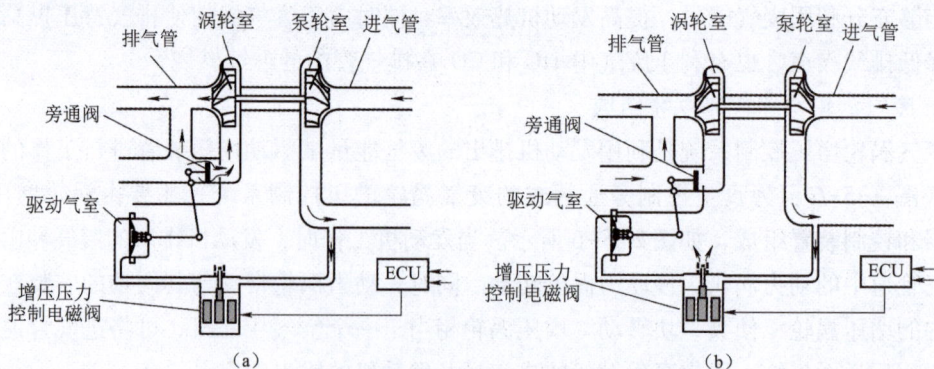

（a）　　　　　　　　　　　　　　（b）

图 2-5-7　真空控制旁通阀式废气涡轮增压控制系统

（a）电磁阀关闭、旁通口打开；（b）电磁阀打开、旁通口关闭

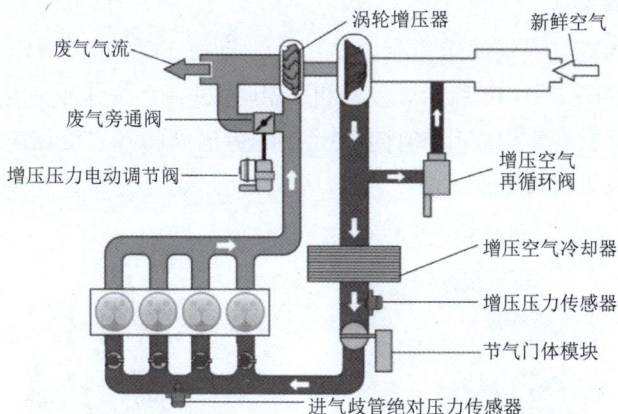

废气气流
涡轮增压器
新鲜空气
废气旁通阀
增压压力电动调节阀
增压空气再循环阀
增压空气冷却器
增压压力传感器
节气门体模块
进气歧管绝对压力传感器

图 2-5-8　电动控制旁通阀式废气涡轮增压控制系统

3. 主要部件的结构

（1）涡轮增压器

涡轮增压器由废气涡轮和压气机组成，如图 2-5-9 所示，废气涡轮进气口与排气歧管相连，排气口接在排气管上；压气机进气口与空气滤清器管道相连，排气口接在进气歧管上。涡轮与叶轮分别装在废气涡轮和压气机内，两者同轴刚性连接。涡轮壳采用新型铸钢材质制造，其耐温性好。压气机外壳一般由铸铝制成。涡轮增压器是利用发动机排出的废气惯性冲力来推动废气涡轮，涡轮带动同轴的叶轮，叶轮压送由空气滤清器管道送来的空气，使之增压后进入气缸。当发动机转速增快时，废气排出速度与涡轮转速也同步增快，叶轮即压缩更多的空气进入气缸，空气的压力和密度增大，可以燃烧更多的燃料，就可以增加发动机的输出功率了。

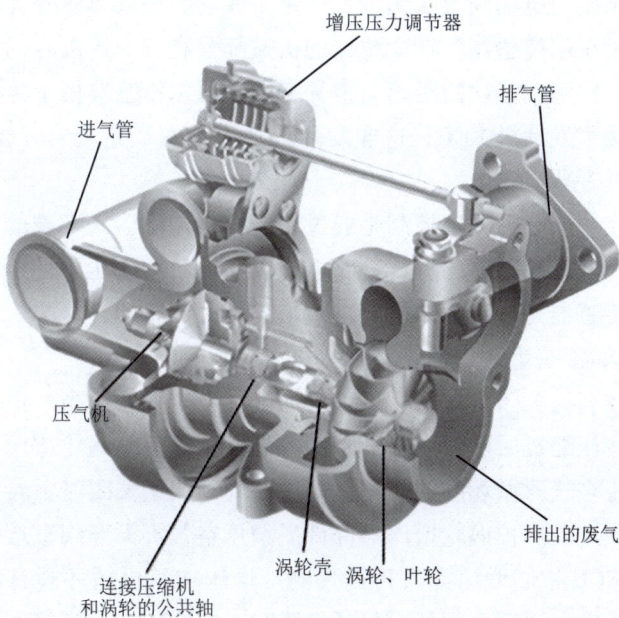

增压压力调节器
进气管
排气管
压气机
排出的废气
连接压缩机和涡轮的公共轴
涡轮壳
涡轮、叶轮

图 2-5-9　涡轮增压器结构

（2）增压压力控制阀

在真空控制式的废气涡轮增压控制系统中，发动机 ECU 通过增压压力控制阀向真空膜片室施加真空，如图 2-5-10 所示。发动机 ECU 通过一个按脉冲宽度调制的信号控制增压压力控制阀，这样就在真空膜片室上建立了决定旁通阀门开启度相应的真空。根据脉冲负载参数，真空可以无级改变。

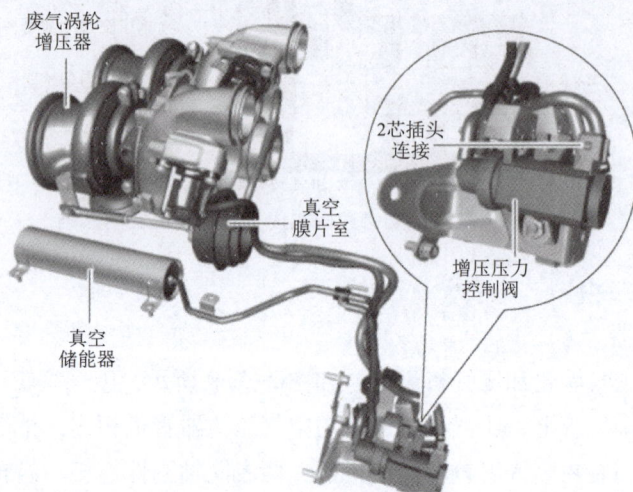

图 2-5-10　增压压力控制阀

（3）增压压力电动调节阀

在电动控制旁通阀式废气涡轮增压控制系统中，通常通过增压压力电动调节阀直接驱动旁通阀。增压压力电动调节阀由电动机和变速器组成，电动机驱动可实现快速、精准的增压压力控制。增压压力电动调节阀的位置通过集成安装在调节阀外壳中的位置传感器识别，该传感器是一个霍尔传感器。在变速器的机械部分有一个连接有两块永久磁铁的电磁线圈座，它们沿纵向移动，移动的距离与推杆相同。霍尔传感器用于检测电磁线圈的移动情况，并将信息发送至发动机 ECU，这样发动机 ECU 即可确定废气旁通阀门的位置。

（4）增压压力传感器

废气涡轮增压控制系统的闭环控制是通过增压压力传感器来实现的。增压压力传感器安装在增压器之后、节气门之前的进气管路上，以实现对增压压力的检测。目前，车上应用较多的增压压力传感器是半导体压敏电阻式增压压力传感器。

（5）增压空气再循环阀

当发动机转速较高时关闭节气门，进气管内就会产生真空压力。由于至进气管的通道已被阻断，因此会在压缩机后形成无法消除的较大背压，废气涡轮增压器将承受可造成部件损坏的负荷。增压空气再循环阀的作用是降低节气门快速关闭时不希望出现的增压压力峰值，降低发动机噪声并保护涡轮增压器部件。增压空气再循环阀直接固定在废气涡轮增压器上，由发动机 ECU 控制增压空气再循环阀。增压空气再循环阀有两个位置，即打开和关闭位置，当增压空气再循环阀处于打开位置时，即形成一个围绕压缩机的循环，增压压力被疏导到压缩机的进气侧。

（6）中冷器

当空气进入涡轮增压后，其温度会大幅升高，密度也会相应变小，而中冷器正是起到冷却空气的作用，高温空气经过中冷器冷却后再进入发动机中。如果缺少中冷器而让增压后的高温空气直接进入发动机，则会因空气温度过高而导致发动机出现爆燃甚至熄火的现象。中冷器一般由铝合金材料制成。按照冷却介质的不同，常见的中冷器可以分为风冷式和水冷式两种。风冷式中冷器与散热器相同，这种中冷器是依靠经过表面的空气来进行散热的。水冷式中冷器的冷却效率要比风冷式中冷高很多，水冷式中冷器是依靠冷却液在中冷器内不断循环来散热的。使用设计良好的中冷器可以额外多获得 5%～10% 的动力。

吉利博越汽车发动机增压压力控制阀及增压压力传感器电路图如图 2-5-11 所示。

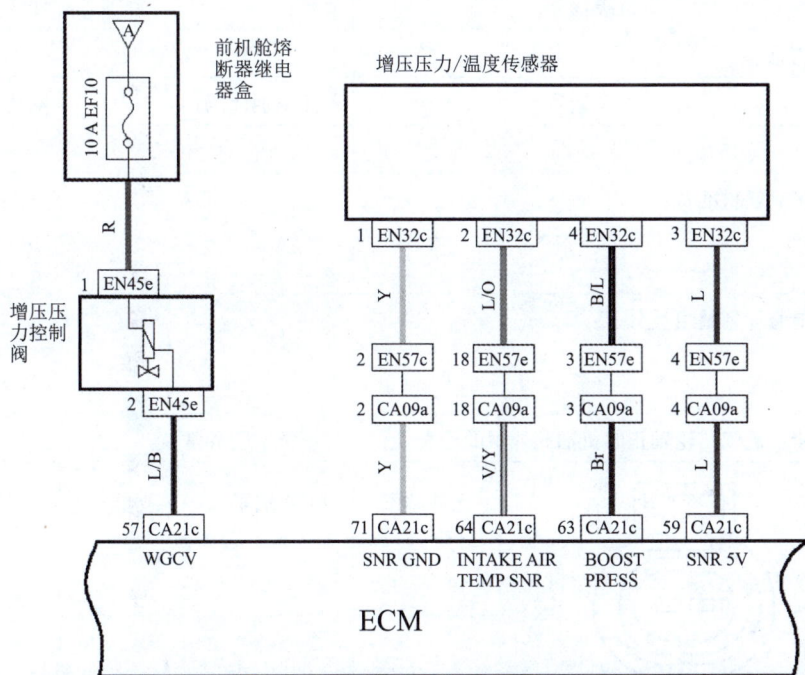

图 2-5-11 吉利博越汽车发动机增压压力控制阀及增压压力传感器电路图

知识拓展——单涡轮双涡管技术简介

单涡轮双涡管技术是宝马车型应用最广泛的涡轮机技术。双涡管有别于普通的单涡管，多增加了一条废气通道，不同的是涡轮是由两个通道的废气驱动。在单涡轮双涡管发动机排气系统中，将排气管道分为两组，四缸发动机中将气缸 1 和 4 为一组、气缸 2 和 3 为一组，这样根据点火顺序，一个通道的循环间隔 360° 的曲轴转角，所以即使在叠加的情况下也能产生较大的脉冲增压，以更好地利用废气动能。当发动机负荷改变时，排气温度和压力的变化可以很快传递到涡轮机，并由涡轮直接反映到压气机，从而使增压器较快响应发动机负荷的变化，这样就能较好地改善发动机的加速特性和扭矩特性（较低的转速就能产生较高的扭矩），即单涡轮双涡管很好地摆脱了回压过大导致的高转速进气下降问题，所以涡轮发动机并不是像自然吸气一样，靠高转速来压榨马力。双涡管使得气缸间排气和谐、互不干涉，循环反复地做功和进气，达到了最大进气量，其比普通单涡管的增压器进气燃烧效率要高 7%~8%，也就是说效率更高了，性能也更强了。

任务实施

本任务以吉利博越汽车为例，在车上预设进气可变气门正时阀的故障，要求学生利用所学知识进行检修，并排除相关故障。

任务 2.5　进气控制系统的检修				
姓名：	班级：	学号：		日期：

<table>
<tr><td rowspan="5">准备工作</td><td colspan="7">车辆信息</td></tr>
<tr><td colspan="2">品牌：</td><td colspan="2">整车型号：</td><td colspan="2">车辆识别代码：</td><td>发动机型号：</td></tr>
<tr><td colspan="7">检测工具耗材准备：</td></tr>
<tr><td colspan="7">制订检修计划及组员分工：</td></tr>
</table>

<table>
<tr><td rowspan="20">检修过程</td><td colspan="2">第一步：进气凸轮轴正时机油阀外观的检查</td><td colspan="2">□正常　□异常</td></tr>
<tr><td rowspan="3"></td><td>元件端子</td><td>ECM 端子</td><td>功能</td><td>导线颜色</td></tr>
<tr><td></td><td></td><td></td><td></td></tr>
<tr><td></td><td></td><td></td><td></td></tr>
<tr><td colspan="5">第二步：进气凸轮轴正时机油阀内阻的检测</td></tr>
<tr><td>检测端子</td><td>检测条件</td><td>标准值</td><td>测量值</td><td>结果分析</td></tr>
<tr><td></td><td></td><td></td><td></td><td>□正常　□异常</td></tr>
<tr><td colspan="5">第三步：进气凸轮轴正时机油阀供电电路的检测</td></tr>
<tr><td>检测端子</td><td>检测条件</td><td>标准值</td><td>测量值</td><td>结果分析</td></tr>
<tr><td></td><td></td><td></td><td></td><td>□正常　□异常</td></tr>
<tr><td colspan="5">第四步：进气凸轮轴正时机油阀控制信号电路的检测</td></tr>
<tr><td>检测条件</td><td>工况</td><td></td><td>检测结果</td><td>结果分析</td></tr>
<tr><td></td><td>未起动</td><td></td><td></td><td>□正常　□异常</td></tr>
<tr><td></td><td>怠速</td><td></td><td></td><td>□正常　□异常</td></tr>
<tr><td></td><td>中高速</td><td></td><td></td><td>□正常　□异常</td></tr>
</table>

续表

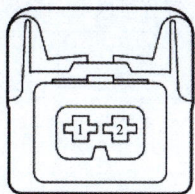

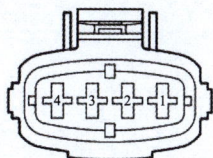

<table>
<tr><td rowspan="20">检修过程</td><td colspan="5">第五步：增压压力控制阀外观的检查</td><td colspan="2">□正常　□异常_____</td></tr>
<tr><td rowspan="3"></td><td>元件端子</td><td>ECM 端子</td><td>功能</td><td>导线颜色</td></tr>
<tr><td></td><td></td><td></td><td></td></tr>
<tr><td></td><td></td><td></td><td></td></tr>
<tr><td colspan="7">第六步：增压压力控制阀内阻的检测</td></tr>
<tr><td>检测端子</td><td>检测条件</td><td>标准值</td><td>测量值</td><td colspan="3">结果分析</td></tr>
<tr><td></td><td></td><td></td><td></td><td colspan="3">□正常　□异常</td></tr>
<tr><td colspan="7">第七步：增压压力控制阀供电电路的检测</td></tr>
<tr><td>检测端子</td><td>检测条件</td><td>标准值</td><td>测量值</td><td colspan="3">结果分析</td></tr>
<tr><td></td><td></td><td></td><td></td><td colspan="3">□正常　□异常</td></tr>
<tr><td colspan="5">第八步：增压压力温度传感器外观的检查</td><td colspan="2">□正常　□异常_____</td></tr>
<tr><td rowspan="4"></td><td>元件端子</td><td>ECM 端子</td><td>功能</td><td>导线颜色</td></tr>
<tr><td></td><td></td><td></td><td></td></tr>
<tr><td></td><td></td><td></td><td></td></tr>
<tr><td></td><td></td><td></td><td></td></tr>
<tr><td colspan="7">第九步：故障结论和分析</td></tr>
<tr><td colspan="4">元件损坏名称：</td><td colspan="3">维修建议：□更换　□维修　□调整</td></tr>
<tr><td colspan="4">线路故障区间：</td><td colspan="3">维修建议：□更换　□维修　□调整</td></tr>
<tr><td colspan="4">其他：</td><td colspan="3"></td></tr>
</table>

检验与评估

<table>
<tr><td colspan="4" align="center">进行控制系统的检修评价表</td></tr>
<tr><td>姓名：</td><td>班级：</td><td colspan="2">学号：</td></tr>
<tr><td colspan="2">自评：□合格　□不合格</td><td colspan="2">师评：□合格　□不合格</td></tr>
<tr><td colspan="2">互评：□合格　□不合格</td><td colspan="2">日期：</td></tr>
</table>

进行控制系统的检修评分细则

序号	评分项	得分条件	分值	评分要求	自评	互评	师评
1	专业知识	□1. 能描述可变技术的类型及可变进气系统主要的结构措施 □2. 能描述谐波增压控制系统的工作原理 □3. 能描述可变进气管截面面积控制系统（动力阀控制系统）的工作原理 □4. 能描述智能可变配气正时控制系统（VVT-i）的工作原理 □5. 能描述智能可变配气正时及气门升程电子控制系统（VTEC）的工作原理 □6. 能描述进气增压技术的工作原理及作用 □7. 能描述废气涡轮增压控制系统的组成 □8. 能描述废气涡轮增压控制系统主要部件的结构及其控制过程	40	未完成1项扣6分，扣分不得超过40分			
2	专业技能能力	□1. 车辆安全防护、基本信息登记 □2. 车辆油、水、电的基本检查 □3. 进气凸轮轴正时机油阀外观的检查 □4. 进气凸轮轴正时机油阀内阻的检测 □5. 进气凸轮轴正时机油阀供电电路的检测 □6. 进气凸轮轴正时机油阀控制信号电路的检测 □7. 进气凸轮轴正时机油阀控制信号波形的检测 □8. 增压压力控制阀外观的检查 □9. 增压压力控制阀内阻的检测 □10. 增压压力温度传感器外观的检查	50	未完成1项扣5分，扣分不得超过50分			
3	安全与素养	□1. 能积极主动参与学习，独立查阅资料 □2. 能与小组成员分工合作，不影响学习进度 □3. 能展示、分享小组学习成果 □4. 能独立规范操作 □5. 能正确使用维修、检验工具 □6. 能进行三不落地操作 □7. 能进行工位7S操作	10	未完成1项扣2分，扣分不得超过10分			
合计			100				

练习与思考

一、选择题

1. 装有空气流量传感器的电控系统，属于 EFI（　　）系统。

A. D 型　　　　　　　　B. R 型　　　　　　　　C. L 型　　　　　　　　D. F 型

2. 进气歧管绝对压力传感器（　　）检测进气量。

A. 可以直接　　　　B. 可以间接　　　　C. 可以直接或间接　　　D. 以上均错

3. （　　）用于检测节气门的开启角度。

A. 空气流量计　　　　　　　　　　　B. 节气门位置传感器

C. 进气温度传感器　　　　　　　　　D. 发动机转速传感器

4. 当进气温度传感器失效时，ECU 将启动失效保护程序，采用（　　）值进行控制。

A. 当前　　　　　　　B. 固定　　　　　　　C. 任意　　　　　　　D. 以上均错

5. 热膜式空气流量传感器相对于热线式空气流量传感器的优点是（　　）。

A. 提高了可靠性　　　B. 提高了耐用性　　　C. 提高了测量精度　　　D. 两者相同

6. 发动机水温传感器一般安装在（　　）。

A. 缸盖出水口处　　　B. 散热器出口处　　　C. 水泵出水口处　　　D. 水泵进水口处

7. 电控发动机进气压力传感器的参考电压值一般是（　　）。

A. 5 V　　　　　　　B. 8 V　　　　　　　C. 9 V　　　　　　　D. 12 V

二、填空题

1. 进气温度传感器的功用是检测_____，并将温度信号变换为_____传送给 ECU，ECU 根据近期温度信号对_____、_____进行修正，改善发动机的工作性能。

2. 在汽车上，除了进气温度传感器和冷却液温度传感器外，还有_____温度传感器，以及_____温度传感器、_____温度传感器、_____温度传感器等。

3. 废气涡轮增压系统由_____、_____、_____、中冷器和_____等组成。

4. 发动机怠速进气量的控制方式有_____控制式和节气门_____控制式两种类型。

5. 节气门位置传感器是将节气门_____信号转变为_____传递给 ECM，ECM 根据该信号判别发动机的工况，如怠速工况、部分负荷工况和大负荷工况等。

6. 当前燃油发动机采用的进气增压方式有很多，如_____、_____、_____气波增压和_____增压等。

三、判断题

1. 空气流量计与进气管绝对压力传感器相比，检测的进气量精度更高一些。（　　）

2. 水温传感器安装在发动机出水口处，与冷却水直接接触。（　　）

3. 热线式水温传感器有故障时，会引起油耗升高。 （　　）

4. 热膜式空气流量传感器检测的是进气气流的体积流量。 （　　）

5. 发动机冷却液温度传感器一般采用正温度系数的热敏电阻。 （　　）

6. 当 ECU 收不到进气温度信号时，失效保护系统会停止燃油喷射。 （　　）

四、解答题

1. 简述冷却液温度传感器的检测步骤。

2. 简述废气涡轮增压控制系统的基本工作原理。

项目 3　汽油供给系统的检修

项目描述

有一辆吉利博越汽车出现油耗增加、加速无力的现象，维修技师检查发现发动机怠速较低，而且抖动。经检查，没有故障代码，判断故障可能出现在发动机的燃油供给系统，请你对该车的燃油供给系统进行全面检查，并排除此故障。

项目解析

汽油供给系统是电控燃油喷射系统的重要组成部分，是汽油发动机完成油气混合的核心，要排除此系统的故障，首先必须掌握电控燃油喷射系统的基本原理，以及缸外喷射系统和缸内直喷供给系统的组成与基本原理，并掌握其部件与控制电路的检测方法。在排除故障时，首先应对燃油系统的油压进行检查，然后对燃油供给系统的燃油泵、燃油滤清器、喷油器、缸内直喷高压控制系统进行检测。

任务3.1　汽油发动机燃油压力的检测

任务导入

有一辆吉利博越汽车出现油耗增加、加速无力的现象，维修技师检查发现发动机怠速较低，而且抖动。经检查，没有故障代码，判断故障可能出现在发动机的燃油供给系统，维修技师要求首先对该车发动机燃油压力进行检测，请你对该车的燃油供给系统进行全面检查，并测量燃油压力，从而排除此故障。

任务目标

※**知识目标**

1. 能描述电控汽油喷射系统的组成、分类。
2. 能描述电控汽油喷射系统的基本原理。
3. 能描述电控汽油喷射系统的主要控制功能及控制原理。

※**能力目标**

1. 能就车找到燃油供给系统的各个组成部件。
2. 能对燃油供给系统各部件进行外观检查。
3. 能正确完成缸外喷射汽油发动机燃油压力的检测。
4. 能对汽油发动机燃油压力检测结果进行分析。

※**素养目标**

1. 具备独立进行资料信息查询的能力。
2. 具备一定的展示、分享的能力。
3. 具备一定的比较、分析、判断的能力。
4. 养成严谨的工作态度。

相关知识

一、燃油供给系统概述

1. 燃油供给系统的功用

发动机燃油供给系统的作用是存储、过滤燃油，并为发动机提供充足的、满足不同工况需要的、有一定压力的雾化燃油，其结构如图 3-1-1 所示。

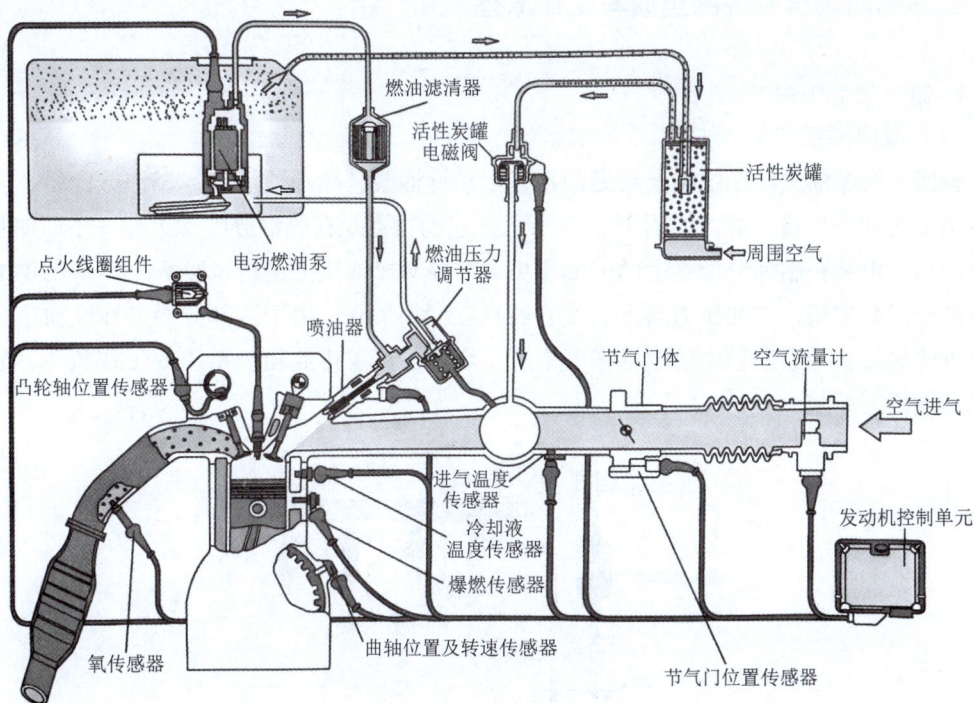

图 3-1-1　燃油供给系统结构

2. 燃油供给系统的类型

燃油供给系统按其喷射的位置分为三类，即进气歧管喷射、缸内直喷和混合喷射，如图 3-1-2 所示。

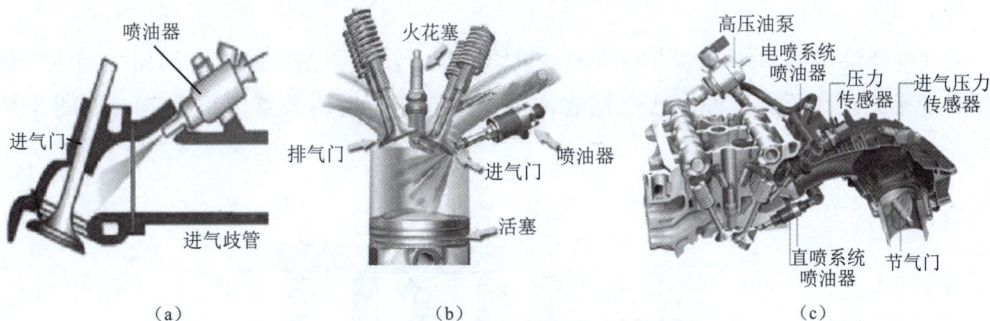

（a）　　　　　　　（b）　　　　　　　（c）

图 3-1-2　燃油供给系统燃油喷射位置

（a）进气歧管喷射；（b）缸内直喷；（c）混合喷射

燃油供给系统根据有无回油系统又分为有回油系统、无回油系统和按需调节供油量系统三类。

二、燃油供给系统的组成与工作原理

1. 缸外多点喷射发动机

（1）有回油系统

有回油的燃油供给系统主要由燃油箱、电动燃油泵、燃油滤清器、燃油分配管、燃油压力调节器和喷油器组成，如图 3-1-3 所示。它的特点是在燃油分配管上有一条回油管道接至油箱，由装在燃油分配管上的燃油压力调节器对燃油压力进行调整后，多余的燃油通过回油管流回油箱，燃油压力与进气歧管的真空度相关联。由于这部分燃油在油轨中吸收发动机的热量，导致油箱中的燃油温度上升，增加了蒸发排放控制系统的工作负荷，故现代汽车使用逐渐减少。

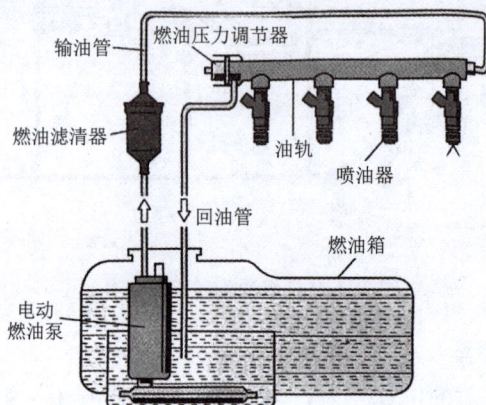

图 3-1-3　进气管燃油喷射有回油燃油供给系统

（2）无回油系统

无回油燃油供给系统也称为定压燃油供给系统，没有回油管路，燃油压力与进气歧管的真空度无关，其通过燃油泵或燃油滤清器中的燃油压力调节器进行调节，如图 3-1-4 所示。

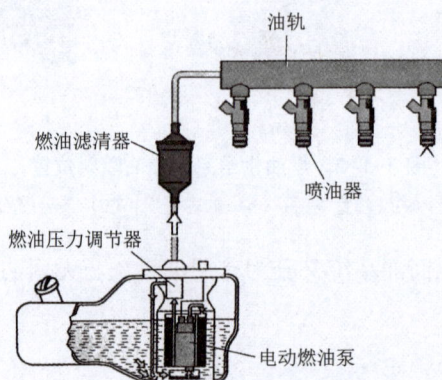

图 3-1-4　进气管燃油喷射无回油燃油供给系统

无回油燃油供给系统中没有由发动机温度加热的燃油流回油箱，可明显降低燃油蒸发，因此被现代发动机燃油供给系统广泛采用。

（3）按需调节供油量系统

按需调节供油量系统，使电动燃油泵正好提供发动机期望燃油压力的所需燃油量，取消了机械式压力调节，由低压传感器检测当前的燃油压力，利用发动机 ECU 的闭环控制可以实现燃油压力的控制，并可精确计量喷油量，如图 3-1-5 所示。在切断供油或发动机停机后，为使燃油供给系统不会出现高的燃油压力，可采用卸压阀。

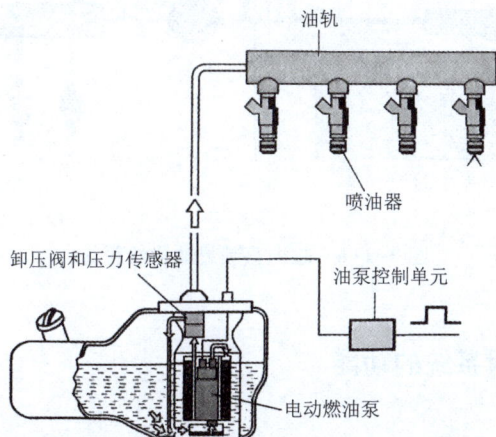

图 3-1-5　进气管燃油喷射按需调节的供油系统

由于燃油量按需调节，没有多余的燃油被压缩，故电动燃油泵的功率小，发动机燃油消耗低，发动机热起动时可提高燃油压力，避免在燃油中形成蒸发气泡；在废气涡轮增压的发动机中可扩大喷油器燃油的计量范围，实现发动机在全负荷时提高燃油压力、在低负荷时降低燃油压力。

2. 缸内直喷发动机

缸内直喷是指喷油器将燃油直接喷入气缸，如图 3-1-2（b）所示，所以对于缸内直喷发动机而言，其在原有基础上增加了燃油泵控制模块、高压油泵、燃油压力传感器和燃油压力调节阀等部件，并且喷油器的安装位置也由进气歧管改到了气缸盖上，其由低压燃油系统和高压燃油系统组成，如图 3-1-6 所示。

当燃油系统工作时，首先低压油泵运转，建立低压油路，油压为 3~6 bar[①]，经过燃油滤清器的过滤，进入高压燃油泵，进行二次升压后的油压为 40~200 bar，再通过直喷喷油器将燃油喷入气缸中。同时，在油轨上装有燃油压力传感器，可以将油轨的压力以电信号的形式发送给 ECM，ECM 以此信号操控燃油压力调节阀，使高压油轨内的油压达到规定的要求。

汽油机缸内直喷技术是目前燃油机最有效的节能减排技术之一，其可通过提升喷油压力、缸内直喷和分层燃烧等技术改善发动机的冷起动、燃烧组织及废气排放，还可大大降

---

① 　1 bar＝0.1 MPa。

低燃油消耗并提升功率转矩的输出。

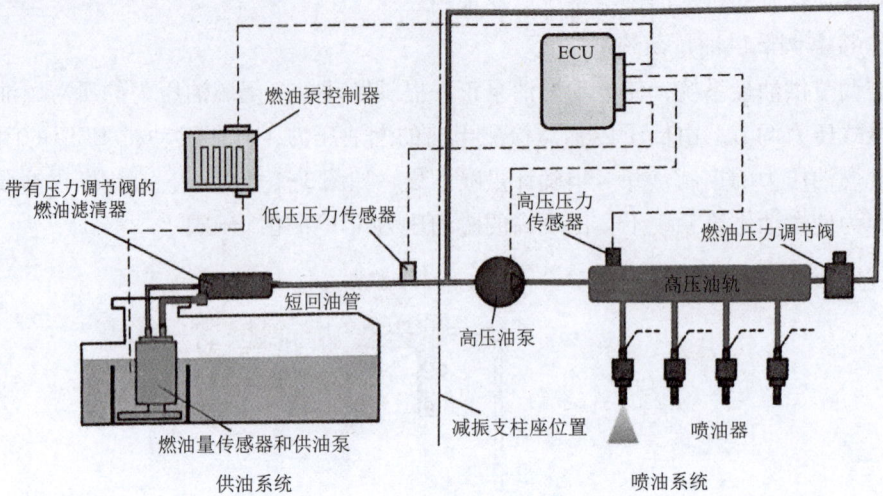

图 3-1-6 缸内直喷燃油供给系统

三、电控汽油喷射系统的功能

电控汽油喷射控制的功能主要包括喷油量控制、喷油正时控制以及断油控制，其中喷油量控制与喷油正时控制是电控汽油喷射系统的核心控制功能。

1. 喷油正时控制

喷油正时即喷油开始时刻。现在电控汽油机基本都为顺序喷射，也叫作独立喷射。在顺序喷射的系统中，发动机工作一个循环，曲轴转两圈，各缸喷油器轮流喷油一次，且与做功顺序配合，依次喷射，过程如图 3-1-7 所示。

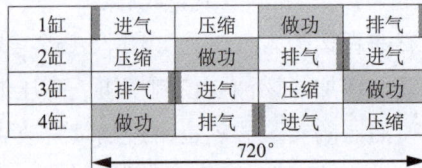

1缸	进气	压缩	做功	排气
2缸	压缩	做功	排气	进气
3缸	排气	进气	压缩	做功
4缸	做功	排气	进气	压缩

720°

图 3-1-7 顺序喷射过程

若要实现顺序喷射正时控制，ECU 需要一个气缸判别信号（判缸信号），再根据曲轴位置信号进行计算，确定出哪一个气缸的活塞运行至排气上止点前某一角度（歧管喷射四缸机一般在上止点前 60°左右）时，发出喷油指令，接通该缸喷油器电磁线圈电流，使喷油器开始喷油。

2. 喷油量控制

喷油量的控制即喷油器喷油时间的控制。要使发动机在各种工况下都处于良好的工作状态，必须精确计算基本喷油持续时间和各种参数的修正值，使发动机燃烧混合气的空燃比符合要求。

喷油量的控制大致可分为两类，一类是喷油持续时间控制，另一类是断油控制。

（1）喷油持续时间控制

1）起动时喷油量的控制。

发动机起动时，基本喷油时间不是根据进气量和发动机转速计算确定的，而是 ECU 根据起动信号和当时的冷却液温度信号，由内存的冷却液温度—喷油时间曲线（见图 3-1-8）找出相应的基本喷油时间，然后加上进气修正时间和蓄电池电压修正时间，计算出起动时的喷油持续时间，如图 3-1-9 所示。

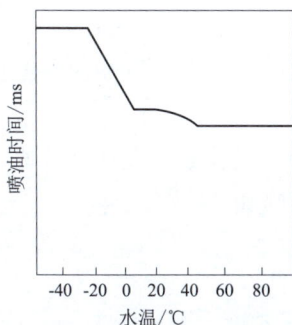

图 3-1-8　冷却液温度—喷油时间曲线

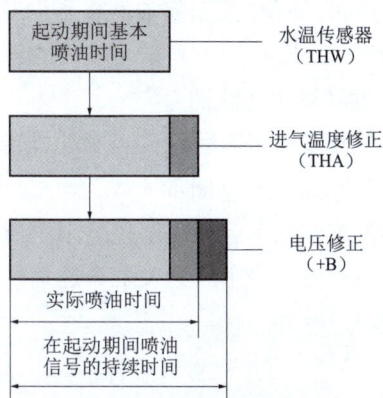

图 3-1-9　喷油时间的确定

由于喷油器的实际打开时刻较 ECU 控制其打开时刻存在一段滞后，如图 3-1-7 所示，造成喷油量不足，且蓄电池电压越低，滞后时越长，故需对电压进行修正。

2）运行时喷油量的控制。

发动机起动，当转速超过预定值时，ECU 确定的喷油持续时间为

$$喷油持续时间 = 基本喷油时间 \times 喷油修正系数 + 电压修正值$$

①基本喷油时间。基本喷油时间是实现既定空燃比（即理论空燃比 14.7∶1）的喷射时间。ECU 根据发动机转速信号和进气量信号，由内存的三维图确定基本喷油时间，如图 3-1-10 所示。

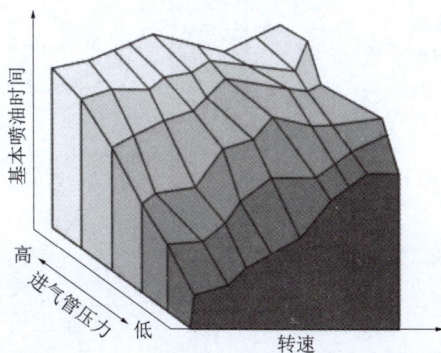

图 3-1-10　基本喷油时间三维图

②喷油量的修正。在发动机起动后的各工况下，ECU 在确定基本喷油时间的同时，还必须根据各种传感器输送来的发动机运行工况信号，对基本喷油时间进行修正。其主要的修正有：起动后加浓修正、暖机加浓修正、进气温度修正和大负荷工况修正等。

3. 断油控制

（1）减速断油

发动机在高速运行状态下急减速时，节气门完全关闭，为避免混合气过浓及燃料经济性和排放性能变坏，ECU 控制喷油器停止喷油。当发动机转速降到某预定转速之下或节气门重新打开时，ECU 控制喷油器重新恢复喷油。当冷却液温度低或空调压缩机工作需要增加输出功率时，断油后重新恢复喷油的转速较高。

（2）发动机超速断油

为避免发动机超速运行，当发动机转速超过额定转速时，ECU 控制喷油器停止喷油。

（3）汽车超速行驶断油

某些汽车在汽车运行速度超过限定值时，ECU 根据节气门位置、发动机转速、冷却液温度、空调开关、停车灯开关及车速信号控制喷油器停止喷油。

知识链接

空燃比

可燃混合气中空气质量与燃油质量之比称为空燃比。

空燃比是发动机运转时的一个重要参数，它对尾气排放及发动机的动力性和经济性都有很大的影响，如图 3-1-11 所示。

从理论上说，每克燃料完全燃烧所需的最少的空气质量（单位：g）叫作理论空燃比。各种燃料的理论空燃比是不同的，汽油为 14.7，柴油为 14.3。空燃比大于理论值的混合气叫作稀混合气，其特点是气多油少，燃烧完全，油耗低，污染小，但功率较小；空燃比小于理论值的混合气叫作浓混合气，其特点是气少油多，功率较大，但燃烧不完全，油耗高，污染大。

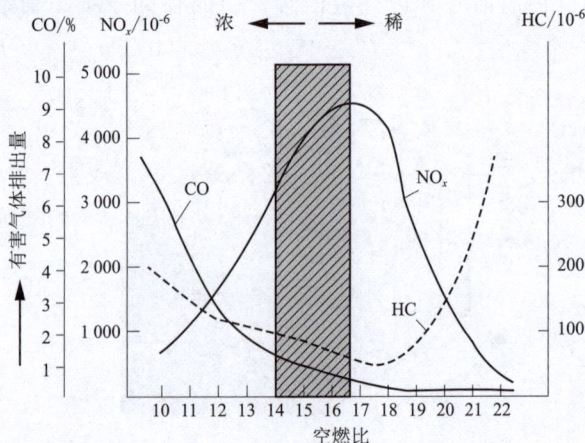

图 3-1-11 空燃比对有害成分的影响

四、汽油发动机燃油压力的检测

燃油压力是指在燃油系统中流动的燃油的压力。燃油压力检测可以帮助判断燃油系统的工作情况，确保燃油系统能够正常供给足够的燃油给发动机。

1. 燃油压力检测方法

燃油压力的检测一般有以下 3 种方法。

（1）使用燃油压力表

这是最常见也是最直接的方法。使用汽车专门的燃油压力表，将其连接到燃油系统的供油管路上，然后通过接通燃油泵的电路，观察燃油压力表上显示的压力数值来检测燃油压力。

重要提示

这种方法在连接燃油压力表时，一定要对燃油管路进行提前卸压。

（2）使用压力传感器

现代汽车通常都配备了燃油压力传感器，通过连接到发动机 ECU，可以实时监测并显示燃油压力。这种方法需要使用汽车诊断仪，通过访问汽车的 OBD-II 接口来读取相关数据。

（3）可视化检查

可视化检查，即通过观察燃油系统中的相关部件，如燃油泵、燃油滤清器等，来检查是否存在泄漏或破损的情况，然后再根据观察结果来初步判断燃油压力是否正常。

2. 燃油压力检测步骤

通过对燃油系统压力进行检测，可以帮助诊断燃油系统的问题，在这里我们主要学习使用燃油压力表来检测燃油压力。

（1）泄压

为了避免在断开燃油管路的过程中，管路中的残余燃油泄漏，造成安全风险，故在安装燃油压力表前，必须先进行燃油压力的释放。具体做法如下：

1）关闭电源，拔下油泵继电器或电动燃油泵线束插头。

2）接通点火开关，使发动机怠速运转直至发动机自行熄火。

3）再起动发动机 2~3 次，即可完全释放燃油系统压力。

4）关闭点火开关，插上油泵继电器或电动燃油泵线束插头。

（2）安装燃油压力表

将燃油压力表安装在燃油分配管的接头上，注意要将接头处清理干净，避免燃油泄漏。

1）从燃油分配管上断开供油管。

2）选择合适的三通管接在燃油管路上。

3）将燃油压力表与三通管相连。

4）确保管路连接可靠、安全，及时擦拭掉泄漏的少量燃油。

注意事项

1）在进行燃油压力检测前必须对管路中的残余油压进行释放，否则在断开管路的过程中会导致燃油外泄。

2）在断开油管的过程中，如有燃油外泄，应及时擦拭干净，全程严禁烟火，以免发生事故。

（3）检测燃油压力

燃油压力表连接好以后，起动发动机，怠速运转，观察燃油压力表油压是否符合规定值；发动机熄火后 10 min，观察系统保持压力下降值。记录两个状态的油压值，并与规定值进行比较，即可判断燃油供给系统是否存在故障。

3. 燃油压力检测值分析

燃油系统压力在正常范围内对电控汽油机的工作至关重要，当所测量的燃油压力值过高或过低时都会影响发动机的性能，燃油压力的分析是燃油系统检修的重要知识内容。

（1）燃油压力过高

燃油压力过高会引起混合气过浓、加速不良、冒黑烟、油耗增加，甚至导致燃油管路破裂。燃油压力过高的主要原因是燃油压力调节器故障，不能使过多的燃油回流至燃油箱。另外，油泵安全阀损坏、油泵控制电路故障也可能导致油压过高。

（2）燃油压力过低

燃油压力过低会导致供油量减少，引起混合气过稀、着车困难、加速无力等动力性能下降的现象，甚至使发动机不能正常起动。燃油压力过低的原因有油泵单向阀及油泵故障、燃油滤清器堵塞、燃油管路泄漏、喷油器泄漏和燃油压力调节器故障。

延伸阅读

在进行油路故障检修时，维修人员为贪图方便，未做燃油压力检测，直接进行喷油测试，不巧将燃油喷射在了旁边的工作灯上，车辆瞬间着火燃烧，引发了火灾事故，车间损失惨重。

在进行车辆维修时，维修人员必须时刻保持警惕，严格按照操作规程进行，确保维修过程安全可靠。

任务实施

认识燃油供给系统		
1. 实训车辆燃油供给系统观察判断	燃油喷射位置	□进气歧管中　□气缸内
	燃油喷射类型	□缸外喷射　□缸内直喷　□混合喷射
	有无回油系统	□有回油系统　□无回油系统　□按需调节供油
2. 请根据燃油的流动路线画图描述实训车辆的燃油供给系统。		
燃油箱 ⇨		

续表

| 3. 目视检查实训车辆燃油供给系统 | 各部件连接情况 | □正常　□异常_____ |
| | 系统密封性 | □正常　□异常_____ |

　　本任务以吉利博越汽车为例，在车上预设燃油压力异常故障，要求学生利用所学知识进行检修，并排除相关故障。

任务 3.1　汽油发动机燃油压力的检测

姓名：		班级：		学号：		日期：	

准备工作	车辆信息			
	品牌：	整车型号：	车辆识别代码：	发动机型号：
	检测工具耗材准备：			
	制订检修计划及组员分工：			

检修过程

第一步：释放管路油压

泄压步骤		是否完成 □是　□否 未能完成原因： 处理意见：

第二步：连接燃油压力表

连接燃油压力表		是否完成 □是　□否 未能完成原因： 处理意见：

第三步：燃油压力检测

1. 怠速油压　　　检测条件

检测方法：	检测值	标准值	是否正常

检修过程	2. 残余油压		检测条件		
	检测方法：		检测值	标准值	是否正常
	第四步：油压分析				
	1. 燃油压力过高	故障现象：			
		故障原因：			
	2. 燃油压力过低	故障现象：			
		故障原因：			
	第五步：诊断结论				
	元件损坏	名称：	维修建议：□更换　□维修　□调整		
	线路故障	区间：	维修建议：□更换　□维修　□调整		
	其他				

检验与评估

汽油发动机燃油压力的检测评价表			
姓名：	班级：		学号：
自评：□合格　□不合格		师评：□合格　□不合格	
互评：□合格　□不合格		日期：	
汽油发动机燃油压力的检测评分细则			

序号	评分项	得分条件	分值	评分要求	自评	互评	师评
1	专业知识	□1. 能描述燃油供给系统的功用及类型 □2. 能描述燃油供给系统的组成与工作原理 □3. 能描述电控汽油喷射系统的功能 □4. 能描述汽油发动机燃油压力的检测方法及其步骤 □5. 能进行燃油压力检测值分析	40	未完成1项扣8分，扣分不得超过40分			
2	专业技能能力	□1. 车辆安全防护、基本信息登记 □2. 车辆油、水、电的基本检查 □3. 车辆仪表的检查 □4. 释放管路油压 □5. 连接燃油压力表 □6. 燃油压力的检测	50	未完成1项扣8分，扣分不得超过50分			

序号	评分项	得分条件	分值	评分要求	自评	互评	师评
		□7. 油压分析 □8. 诊断结论判断					
3	安全与素养	□1. 能积极主动参与学习，独立查阅资料 □2. 能与小组成员分工合作，不影响学习进度 □3. 能展示、分享小组学习成果 □4. 能独立规范操作 □5. 能正确使用维修、检验工具 □6. 能进行三不落地操作 □7. 能进行工位 7S 操作	10	未完成 1 项扣 2 分，扣分不得超过 10 分			
合计			100				

任务 3.2　电动燃油泵及控制电路的检修

任务导入

有一辆吉利博越汽车出现油耗增加、加速无力的现象，维修技师检查发现发动机怠速较低，而且抖动。经检查，没有故障代码，判断故障可能出现在发动机燃油供给系统，请你对该车燃油泵及控制电路进行检查，并排除此故障。

任务目标

※知识目标

1. 能描述燃油泵的作用、类型。

2. 能描述燃油泵的控制电路、工作过程和各标准参数。

※能力目标

1. 能就车找到燃油泵、燃油泵控制单元及相关部件，并对类别进行判断。

2. 能看懂燃油泵控制的原理图和电路图。

3. 能查阅维修资料，会制订正确的维修计划，能正确使用诊断工具、仪器进行参数的检测，能正确记录、分析各种检测结果并做出故障判断。

4. 能对燃油泵进行维修更换作业，并能对发动机进行测试、检查及评估修复质量。

※素养目标

1. 具备独立进行资料信息查询的能力。

2. 具备一定的展示、分享的能力。

3. 具备一定的比较、分析、判断的能力。

4. 养成严谨的工作态度。

相关知识

一、电动燃油泵概述

1. 电动燃油泵的作用

电动燃油泵的主要功用是连续不断地把燃油从汽油箱吸出，从而供给燃油系统足够的

具有规定压力的汽油。电控燃油喷射系统对燃油泵的基本要求如下：

①接通点火开关，发动机不起动时，为了建立必需的油压，方便发动机起动，燃油泵工作 2~3 s 后停止泵油。

②在发动机处于起动和运转状态时，燃油泵持续泵油。

现在有的车辆在打开驾驶员侧车门时，电动燃油泵就开始工作 2~3 s，为发动机起动建立必要的油压。油压建立好以后，由燃油泵控制单元切断油泵电路，燃油泵停止泵油。另外为了控制泵油量，还可以根据发动机的负荷和转速等情况，对燃油泵的转速进行控制。

燃油泵总成如图 3-2-1 所示。

图 3-2-1　燃油泵总成

2. 电动燃油泵的类型

（1）按安装位置不同划分

按安装位置不同分为内置式和外置式。

1）内置式：燃油泵安装在油箱中，具有噪声小、不易产生气阻、不易泄漏、管路安装简单等优点。同时，可以利用汽油对燃油泵进行冷却和润滑，延长其使用寿命。

2）外置式：燃油泵串接在油箱外部的输油管路中，易于布置，安装自由度大，噪声大，易产生气阻。目前，这种安装方式比较少见。

（2）按结构不同划分

按结构不同分为涡轮式、滚柱式、转子式和侧槽式。

二、电动燃油泵

1. 电动燃油泵的结构及工作原理

电控燃油喷射系统发动机中使用的内置式电动燃油泵多数为涡轮泵。

涡轮泵又叫叶轮泵或叶片泵，结构如图 3-2-2 所示，由叶轮、叶片、机壳、泵盖、进油口、出油口、卸压阀和单向出油阀等组成。

工作时，涡轮泵中的叶轮由电动机驱动高速旋转，从泵壳进油口处流入叶片之间的燃油在离心力的作用下做圆周运动，并在每一个叶片沟槽前后形成压力差，叶片将机械能传递给燃油，使其动能和压力能增大，然后再通过泵腔将大部分动能转换为压力能而向外输送，具有一定压力的燃油流过电动机，给电动机冷却，并经过单向阀从燃油泵出油口排出。

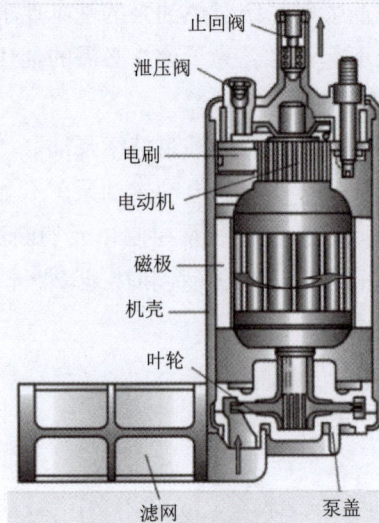

图 3-2-2 涡轮泵结构

电动燃油泵通常设置两个阀门，分别为单向阀和卸压阀。

（1）单向阀

单向阀可以防止发动机熄火时，燃油管路中的汽油倒流回油箱。在发动机熄火、燃油泵停止工作时，单向阀关闭密封油路，使供油系统保持一定的残压，以便下次起动。

（2）卸压阀

卸压阀也称为安全阀，在燃油泵输出油压超过规定油压时，卸压阀打开，使多余燃油流回油箱，避免燃油管路阻塞时油压过分升高，从而造成油管破裂或燃油泵损坏等问题。

三、电动燃油泵的控制电路

电动燃油泵控制电路对电动燃油泵控制的基本要求是：打开点火开关后，ECU 控制燃油泵工作 2~3 s，以建立必需的油压；若此时不起动发动机，ECU 将切断电动燃油泵控制电路；在发动机起动或正常运转时，ECU 控制燃油泵持续工作。电动燃油泵的控制电路按照结构原理的不同可分为开关控制型电路、继电器控制型电路和油泵 ECU 控制型电路，目前继电器控制型和油泵 ECU 控制型电路被广泛使用。

1. 继电器控制型的燃油泵控制电路

继电器控制型燃油泵控制电路由燃油泵继电器、燃油泵熔丝及相关线路构成。图 3-2-3 所示为吉利博越汽车发动机的燃油泵控制电路，燃油泵由油泵继电器 ER09 供电，油泵继电器 ER09 又受发动机控制模块 ECM 控制。

当打开点火开关或起动发动机时，发动机控制模块 ECM 将接通油泵继电器 ER09 控制线圈电路，然后继电器开关触点闭合，接通燃油泵主电路使油泵开始工作。发动机控制模块 ECM 通过控制油泵继电器 ER09 的线圈搭铁回路来控制电动燃油泵的工作。其工作过程如下：

（1）油泵继电器 ER09 控制电路

当打开点火开关或起动发动机时，发动机控制模块 ECM 将接通油泵继电器 ER09 控制

前机舱熔断器继电器盒

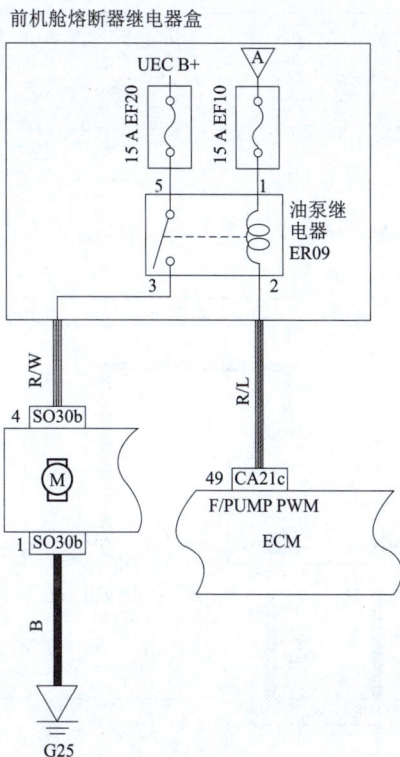

图 3-2-3　继电器控制型的燃油泵控制电路

线圈电路。

EF10→ER09/1#→继电器线圈→ER09/2#→CA21c/49#→ECM 内部搭铁，形成回路。

油泵继电器线圈电路接通后将使继电器 ER09 开关触点闭合，接通油泵主电路。

（2）油泵主电路

B+→EF20→ER09/5#→继电器开关→ER09/3#→SO30b/4#→燃油泵→SO30b/1#→G25 搭铁。

注意：

1）当点火开关由"OFF"挡转至"ON"挡，不起动发动机时，发动机控制模块 ECM 接到点火开关闭合信号，但因无发动机转速信号输入，ECM 只控制电动燃油泵工作 2~3 s，使油路油压增高，为发动机起动做准备。

2）当起动发动机或发动机正常运转时，ECM 将控制电动燃油泵持续工作。

2. 油泵 ECU 控制型的燃油泵控制电路

现代中高级轿车普遍采用燃油泵控制模块控制燃油泵的工作，使燃油泵的控制更智能化。

为了实现对燃油泵更精确的控制，特别是对燃油泵转速的控制，专设了一个控制燃油泵工作的油泵 ECU，如图 3-2-4 所示，油泵 ECU 给燃油泵供电和搭铁，燃油泵受油泵 ECU 控制，初期以最高转速运转，迅速建立初压之后转速降低。发动机电控单元根据发动机转速、负荷对油泵的转速进行调节，以确保燃油供应的稳定性和精确性。

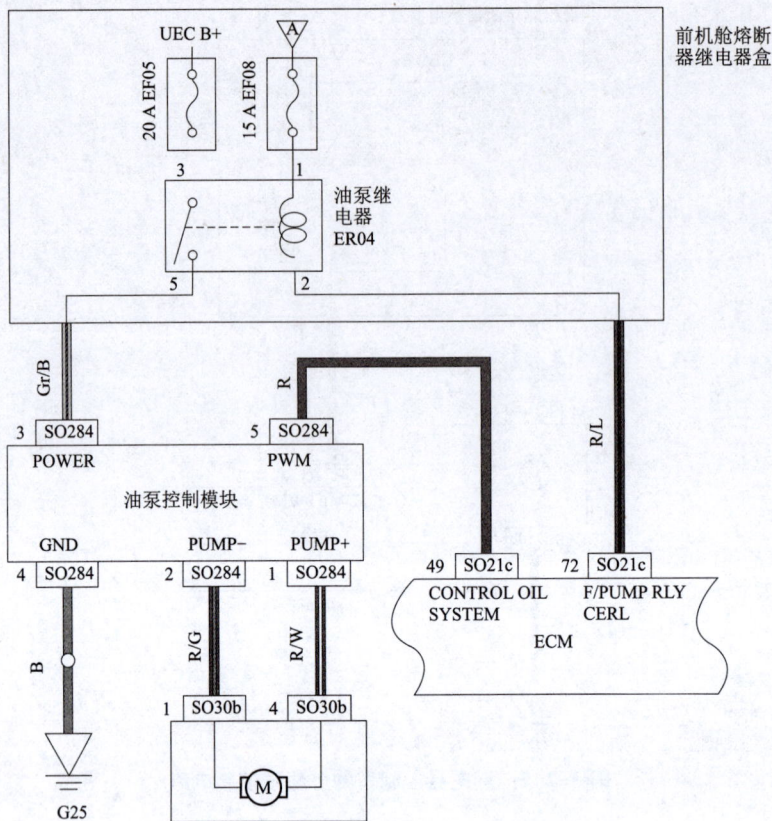

图 3-2-4　油泵 ECU 控制型的燃油泵控制电路

任务实施

　　本任务以吉利博越汽车发动机为例，在发动机上预设燃油泵控制电路故障，要求学生利用所学知识排除相关故障。

任务 3.2　电动燃油泵及控制电路的检修				
姓名：		班级：	学号：	日期：
准备工作	车辆信息			
	品牌：	整车型号：	车辆识别代码：	发动机型号：
	检测工具耗材准备：			
	制订检修计划及组员分工：			

<table>
<tr><td rowspan="19">检修过程</td><td colspan="3">第一步：燃油泵动作测试</td></tr>
<tr><td>听诊法</td><td>点火开关在断开位置转到接通的瞬间，可听到 2~3 s 油箱中燃油泵转动的"嗡嗡"声</td><td>能否听到"嗡嗡"声
□ 能　□不能
结果分析：

处理意见：</td></tr>
<tr><td>诊断仪元件动作测试法</td><td>用故障诊断仪的"元件测试"功能，驱动燃油泵工作，听燃油泵转动声</td><td>能否听到油泵转动声
□ 能　□不能
结果分析：

处理意见：</td></tr>
</table>

第二步：电动燃油泵外观的检查　　□正常　□异常_____

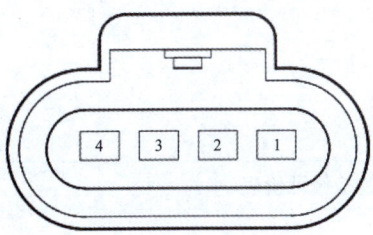

元件端子	ECM 端子	功能	导线颜色

第三步：电动燃油泵内阻的检测

检测端子	检测条件	标准值	测量值	结果分析
				□正常　□异常

第四步：电动燃油泵继电器供电电路的检测

检测端子	检测条件	标准值	测量值	结果分析
				□正常　□异常

第五步：电动燃油泵继电器控制电路的检测

检测端子	检测条件	标准值	测量值	结果分析
				□正常　□异常

第六步：电动燃油泵继电器搭铁电路的检测　　　检测条件

检测端子	检测条件	标准值	测量值	结果分析
				□正常　□异常

第七步：电动燃油泵继电器线圈电阻的检测　　　检测条件

检测端子	检测条件	标准值	测量值	结果分析
				□正常　□异常

检修过程	第八步：电动燃油泵继电器触点闭合的检测				
	检测端子	检测条件	标准值	测量值	结果分析
					□正常　□异常
	第九步：电动燃油泵继电器熔断器的检测				
	检测端子	检测条件	标准值	测量值	结果分析
					□正常　□异常
	第十步：诊断结论				
	元件损坏名称：			维修建议：□更换　□维修　□调整	
	线路故障区间：			维修建议：□更换　□维修　□调整	
	其他：				

检验与评估

电动燃油泵及控制电路的检修评价表			
姓名：	班级：		学号：
自评：□合格　□不合格		师评：□合格　□不合格	
互评：□合格　□不合格		日期：	
电动燃油泵及控制电路的检修评分细则			

序号	评分项	得分条件	分值	评分要求	自评	互评	师评
1	专业知识	□1. 能描述电动燃油泵的作用及类型 □2. 能描述电动燃油泵的结构 □3. 能描述电动燃油泵的工作特点 □4. 能描述电动燃油泵控制电路的类型和工作原理 □5. 能简单分析电动燃油泵的控制电路	40	未完成1项扣8分，扣分不得超过40分			
2	专业技能能力	□1. 车辆安全防护、基本信息登记 □2. 车辆油、水、电的基本检查 □3. 车辆仪表的检查 □4. 电动燃油泵动作测试 □5. 电动燃油泵外观的检查 □6. 电动燃油泵内阻的检测 □7. 电动燃油泵继电器供电电路的检测 □8. 电动燃油泵继电器控制电路的检测 □9. 电动燃油泵继电器搭铁电路的检测 □10. 电动燃油泵继电器线圈电阻的检测 □11. 电动燃油泵继电器触点闭合的检测	50	未完成1项扣5分，扣分不得超过50分			

序号	评分项	得分条件	分值	评分要求	自评	互评	师评
		□12. 电动燃油泵继电器熔断器的检测 □13. 诊断结论判断					
3	安全与素养	□1. 能积极主动参与学习，独立查阅资料 □2. 能与小组成员分工合作，不影响学习进度 □3. 能展示、分享小组学习成果 □4. 能独立规范操作 □5. 能正确使用维修、检验工具 □6. 能进行三不落地操作 □7. 能进行工位 7S 操作	10	未完成 1 项扣 2 分，扣分不得超过 10 分			
	合计		100				

任务3.3 喷油器及控制电路的检修

任务导入

有一辆吉利博越汽车出现油耗增加、加速无力的现象，维修技师检查发现发动机怠速较低，而且抖动。经检查，没有故障代码，判断故障可能出现在发动机的燃油供给系统，请你对该车喷油器及控制电路进行检查，并排除此故障。

任务目标

※知识目标

1. 能描述喷油器的作用、类型。

2. 能描述喷油器的控制电路、工作过程和各标准参数。

※能力目标

1. 能就车找到喷油器及相关线路，并对其类别进行判断。

2. 能看懂喷油器控制的原理图和电路图。

3. 能查阅维修资料，会制订正确的维修计划，能正确使用诊断工具仪器，进行参数的检测，正确记录、分析各种检测结果并做出故障判断。

4. 能对喷油器进行维修更换作业，并能对发动机进行测试、检查和评估修复质量。

※素养目标

1. 具备独立进行资料信息查询的能力。

2. 具备一定的展示、分享的能力。

3. 具备一定的比较、分析、判断的能力。

4. 养成严谨的工作态度。

相关知识

一、喷油器的功用

喷油器的功用是按照ECU的指令将一定数量的燃油以雾状的形式适时地喷入进气道或气缸内，并与其中的空气混合形成可燃混合气。

二、喷油器的类型

1）目前采用的喷油器都是闭式喷油器，根据结构来分有孔式和轴针式两种。

2）根据喷油器线圈电阻阻值的不同分为低阻型和高阻型喷油器。低阻型喷油器电磁线圈的阻值一般为 2~3 Ω，高阻型喷油器电磁线圈的阻值一般为 13~16 Ω。

3）根据喷油器喷射位置的不同可分为进气歧管喷射喷油器（缸外喷射）和缸内直喷喷油器两种。

4）根据喷油器驱动方式不同可分为电流驱动和电压驱动两种。

三、喷油器的工作原理

电控燃油喷射系统的喷油器根据不同的分类方法，种类繁多。本书主要介绍缸外喷射喷油器和缸内喷射喷油器。

1. 进气歧管喷射喷油器

进气歧管喷射系统用的喷油器又称低压喷油器，其结构组成如图 3-3-1 所示，主要由带线圈和电气接头的喷油器体、带喷孔圆片的喷油器阀座、带衔铁的可运动的喷油器阀针及弹簧等组成。

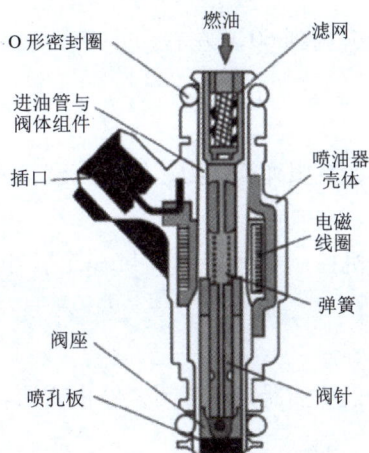

图 3-3-1　喷油器的结构组成

断电时，弹簧和燃油分配管中的燃油压力将阀针压向阀座，以保证输油系统和进气歧管的密封。喷油器由 ECU 控制，当 ECU 控制喷油器通电时，喷油器的线圈产生磁场，并吸住衔铁，阀针从阀座上升起，燃油流进喷油器，然后经喷孔喷入进气歧管。喷油器的升程和喷孔打开的横截面面积是一定的，所以燃油分配管中燃油压力和喷油器的通电时间决定了喷油量，当电流被切断时，阀针再次关闭。

2. 缸内喷射喷油器

发动机缸内直喷技术，又称为汽油直喷技术。该技术采用了缸内喷射喷油器，如

图 3-3-2 所示，该喷油器的使用，实现了发动机缸内直接喷油，使汽车发动机的性能和效率得到了大幅提升，同时也减少了排放污染。

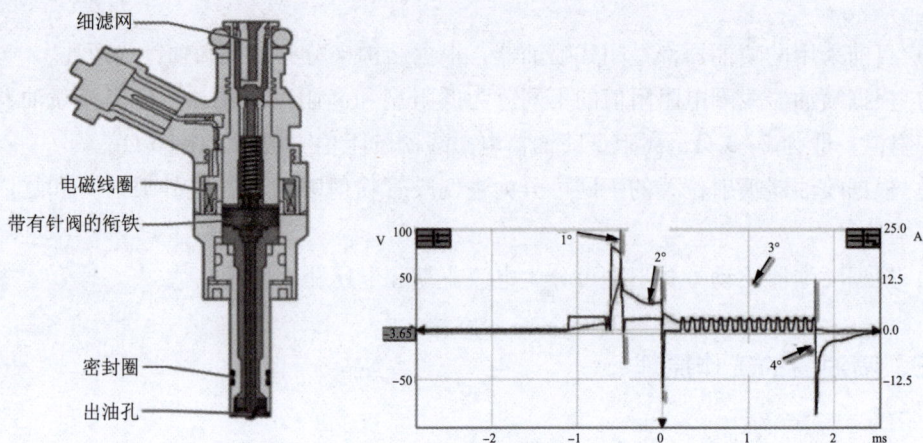

图 3-3-2　缸内喷射喷油器

缸内喷射喷油器的工作电压受发动机控制单元控制，在控制单元内部通过 DC 进行升压至 60 V 以上，当需要喷油时，发动机控制单元将给喷油器的电磁线圈通电，所产生的磁力将针阀吸起，喷油器开始喷油。缸内喷射喷油器的工作原理可以简要概括为以下四个阶段：

（1）增压阶段

通过 ECU 中的 DC 将电压升高到 60 V 左右，并持续一段时间，以确保克服弹簧弹力，喷油器针阀可以迅速打开。

（2）针阀开启阶段

在电磁线圈的磁力作用下，克服弹簧弹力，针阀完全打开。

（3）保持阶段

当针阀完全打开后，发动机控制单元持续提供一个较小的电流，确保针阀处于开启状态。

（4）停止阶段

发动机控制单元停止供电，喷油器针阀关闭，停止喷油。

三、喷油器的控制电路检修

1. 缸外喷射喷油器的检修

喷油器可以将燃油以一定的压力喷出并雾化，以确保发动机的正常工作。当喷油器或电路出现故障时，会造成发动机起动困难、工作不稳、排气冒黑烟、尾气排放不合格等现象。以吉利 GS 发动机为例，其喷油器电路图如图 3-3-3 所示。

发动机舱保险丝继电器盒CA01

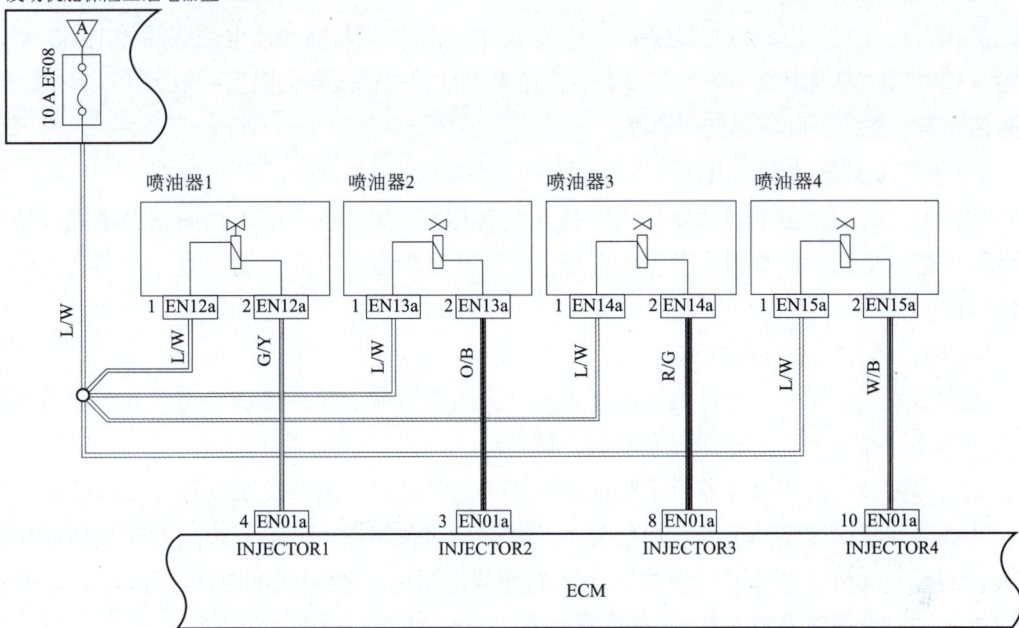

图 3-3-3　吉利 GS 发动机喷油器电路图

（1）喷油器不工作的原因分析

1）喷油器线圈损坏。

2）喷油器自身堵塞或泄漏，密封圈损坏。

3）喷油器供电故障。

4）喷油器控制信号故障。

（2）喷油器及控制电路的检测方法

1）使用诊断仪读取故障码。

使用诊断仪动作测试功能检测喷油器是否动作，如果不动作，则应进一步对喷油器和控制电路进行检测。

2）检测喷油器是否动作。

发动机怠速运转，用手触摸喷油器，应有振动感；用听诊器或螺钉旋具接触喷油器，应有"嗒嗒"声。如图 3-3-4 所示，若喷油器能动作，则检查喷油器是否有堵塞或者泄漏；若喷油器不能动作，则检查喷油器电磁线圈的电阻或控制电路是否正常。

3）检查喷油器是否有堵塞或泄漏。

关闭点火开关，安装燃油压力表，拔下喷油器插接器，逐个给喷油器脉冲供电，油压不下降为堵塞。测量

图 3-3-4　用听诊器检测喷油器动作

保持油压，若油压过低，则说明喷油器有泄漏，此时应拆下喷油器，在喷油器试验台上检查喷油器的喷油量和雾化状态，如果不正常，则应更换喷油器。

4）测量喷油器电阻。

关闭点火开关，拔下喷油器插头，用万用表的电阻挡测量喷油器电磁线圈的电阻，低阻型喷油器电磁线圈的阻值一般为 2~3 Ω，高阻型喷油器电磁线圈的阻值一般为 13~16 Ω。如果阻值不符合规定，则应更换喷油器。

5）测量喷油器的供电电压。

关闭点火开关，拔下喷油器插头，打开点火开关，用万用表电压挡测量喷油器线束插头针脚 1 搭铁电压，标准值为蓄电池电压。若电压过低或无电压，则应进一步检查其供电上游电路。

6）喷油器控制信号的检测。

①使用发光二极管试灯检测。关闭点火开关，拔下喷油器插接器，将发光二极管试灯连接在插接器插头上，起动运转发动机，试灯应闪烁。

②波形测试。使用示波器测量喷油器针脚 2 搭铁波形，波形变化应符合技术标准。

③如果在喷油器端测试的喷油信号不正常，则应关闭点火开关，拔下发动机控制单元插头，测量发动机控制单元到喷油器之间的导线电阻（一般导线电阻应小于 1 Ω）。若电路正常，则应考虑发动机 ECU 本身故障。

2. 缸内喷射喷油器的检修

缸内喷射发动机的喷油器与缸外喷射发动机所用的喷油器不同，一般为低阻喷油器，其工作电压通常在 60 V 以上。当喷油器本身或控制出现问题时，发动机将不能正常工作。

吉利博越发动机缸内喷射喷油器的控制电路如图 3-3-5 所示，各缸喷油器由发动机控制单元直接控制。

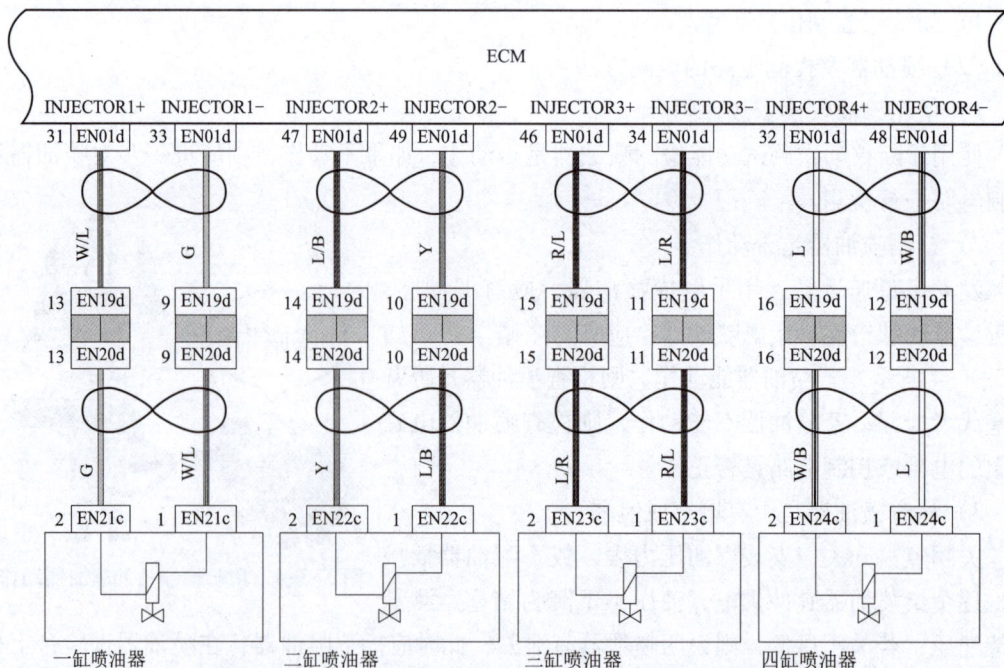

图 3-3-5　吉利博越发动机缸内喷射喷油器的控制电路

（1）喷油器的故障原因分析

引起喷油器不工作或工作不良的主要原因如下：

1）喷油器本身机械故障，包括堵塞和泄漏等。

2）喷油器至发动机控制单元之间的电路故障。

3）发动机控制单元本身或控制信号故障。

（2）喷油器的检修

1）读取故障码并对喷油器动作进行测试。

利用诊断仪读取故障码，通过动作测试功能驱动喷油器工作，如果喷油器不动作，则说明喷油器本身、电路或发动机控制单元存在故障。

2）检测喷油器电磁线圈。

关闭点火开关，拔下喷油器插头，用万用表电阻挡测量喷油器电磁线圈的电阻，一般为 $0.6{\sim}3\ \Omega$。

3）检测喷油器工作波形。

用示波器测量喷油器工作波形。

4）导线检测。

关闭点火开关，拔下喷油器和发动机控制单元的插头，测量喷油器至发动机控制单元间导线的电阻，标准值应小于 $1\ \Omega$。

任务实施

本任务以吉利博越汽车发动机为例，在发动机上预设喷油器故障，要求学生利用所学知识排除相关故障。

任务 3.3　喷油器及控制电路的检修						
姓名：		班级：		学号：		日期：
准备工作	车辆信息					
	品牌：		整车型号：		车辆识别代码：	发动机型号：
	检测工具耗材准备：					
	制订检修计划及组员分工：					

<table>
<tr><td rowspan="2"></td><td colspan="2">第一步：喷油器外观的检查</td><td colspan="4">□正常　□异常_____</td></tr>
</table>

第一步：喷油器外观的检查		□正常　□异常_____			
		元件端子	ECM 端子	功能	导线颜色
B A					

第二步：喷油器内阻的检测

检测端子	检测条件	标准值	测量值	结果分析
				□正常　□异常

第三步：喷油器供电电路的检测

检测端子	检测条件	标准值	测量值	结果分析
				□正常　□异常

第三步：喷油器控制电路的检测

检测端子	检测条件	标准值	测量值	结果分析
				□正常　□异常

第四步：喷油器脉宽信号的检测（试灯）

检测端子	检测条件	标准值	测量值	结果分析
				□正常　□异常

第五步：喷油器控制信号波形的检测

检测端子	检测条件	正表笔连接	负表笔连接	结果分析
				□正常　□异常

标准波形	检测波形

第六步：故障结论和分析

元件损坏名称：	维修建议：□更换　□维修　□调整
线路故障区间：	维修建议：□更换　□维修　□调整
其他：	

（检修过程）

检验与评估

<table>
<tr><td colspan="9" align="center">喷油器及控制电路的检修评价表</td></tr>
<tr><td colspan="2">姓名：</td><td colspan="2">班级：</td><td colspan="5">学号：</td></tr>
<tr><td colspan="4">自评：□合格　□不合格</td><td colspan="5">师评：□合格　□不合格</td></tr>
<tr><td colspan="4">互评：□合格　□不合格</td><td colspan="5">日期：</td></tr>
<tr><td colspan="9" align="center">喷油器及控制电路的检修评分细则</td></tr>
<tr><td>序号</td><td>评分项</td><td>得分条件</td><td>分值</td><td>评分要求</td><td>自评</td><td>互评</td><td>师评</td></tr>
<tr>
<td>1</td>
<td>专业知识</td>
<td>□1. 能描述喷油器的功用及类型
□2. 能描述喷油器的工作原理
□3. 能分析喷油器的控制电路
□4. 能描述喷油器控制电路检修的方法及步骤
□5. 能进行喷油器不工作的原因分析</td>
<td>40</td>
<td>未完成 1 项扣 8 分，扣分不得超过 40 分</td>
<td></td><td></td><td></td>
</tr>
<tr>
<td>2</td>
<td>专业技能能力</td>
<td>□1. 车辆安全防护、基本信息登记
□2. 车辆油、水、电的基本检查
□3. 车辆仪表的检查
□4. 喷油器外观的检查
□5. 喷油器内阻的检测
□6. 喷油器供电电路的检测
□7. 喷油器控制电路的检测
□8. 喷油器脉宽信号的检测（试灯）
□9. 喷油器控制信号波形的检测
□10. 诊断结论判断</td>
<td>50</td>
<td>未完成 1 项扣 6 分，扣分不得超过 50 分</td>
<td></td><td></td><td></td>
</tr>
<tr>
<td>3</td>
<td>安全与素养</td>
<td>□1. 能积极主动参与学习，独立查阅资料
□2. 能与小组成员分工合作，不影响学习进度
□3. 能展示、分享小组学习成果
□4. 能独立规范操作
□5. 能正确使用维修、检验工具
□6. 能进行三不落地操作
□7. 能进行工位 7S 操作</td>
<td>10</td>
<td>未完成 1 项扣 2 分，扣分不得超过 10 分</td>
<td></td><td></td><td></td>
</tr>
<tr><td colspan="2" align="center">合计</td><td></td><td>100</td><td></td><td></td><td></td><td></td></tr>
</table>

任务3.4　缸内直喷高压燃油控制系统的检修

任务导入

有一辆吉利博越汽车出现油耗增加、加速无力的现象，维修技师检查发现发动机怠速较低，而且抖动。经检查，没有故障代码，判断故障可能出现在发动机的燃油供给系统，请你对该车高压燃油控制系统进行检查，并排除此故障。

任务目标

※**知识目标**

1. 能描述高压燃油控制系统的组成结构。

2. 能描述高压燃油控制系统的工作原理，能就车找到相关元器件。

3. 能描述高压油泵、高压燃油压力传感器的工作原理及检测方法。

※**能力目标**

1. 能查阅维修资料，能看懂电路原理图与电路图，会制订正确的维修计划。

2. 能对高压燃油控制系统的部件进行检测，测试并正确记录、分析各种检测结果（信号电压、波形等），做出故障判断。

3. 能对高压燃油控制系统的部件进行维修更换作业，能对发动机进行测试、检查及评估修复质量。

※**素养目标**

1. 具备独立进行资料信息查询的能力。

2. 具备一定的展示、分享的能力。

3. 具备一定的比较、分析、判断的能力。

4. 养成严谨的工作态度。

相关知识

一、缸内直喷技术

缸内直喷技术是将高压的燃料直接喷入设置在活塞顶部的深坑形燃烧室内，通过进气涡流及气缸内的气流运动，形成分层燃烧，同时对喷油时间和喷油量进行精确控制，实现超稀薄燃烧。缸内直喷技术的燃油喷射压力相较于缸外喷射技术大幅提高，燃油雾化更加细致，

真正实现了精准地按比例控制喷油并与进气混合，并且消除了缸外喷射的缺点。同时，对喷油器位置、进气气流控制，以及活塞顶形状等进行特别设计，使油气能够在整个气缸内充分、均匀地混合，从而改善燃油经济性，并实现良好的低排放性能，如图 3-4-1 所示。

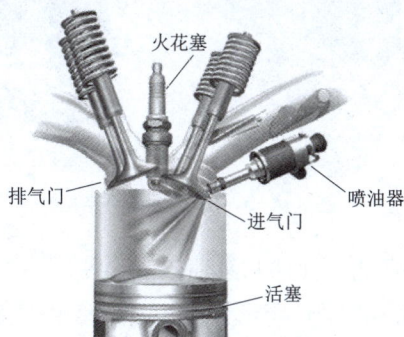

图 3-4-1　缸内直喷技术

一般的汽油发动机是在空燃比 $A/F = 12.6 \sim 17$ 工作，混合气是均质的，而缸内直喷式发动机可在空燃比 $A/F = 25 \sim 50$ 的稀薄状态稳定工作。

缸内直喷发动机燃油供给系统由低压回路和高压回路两部分组成。低压回路采用按需调节供油量的无回流供油系统，其预供油压力为 0.4 ~ 0.6 MPa。高压回路主要由高压油泵、高压油轨、压力调节阀、高压燃油压力传感器和喷油器组成，其采用按需调节供油量的供油系统，系统压力为 4 ~ 20 MPa，如图 3-4-2 所示。

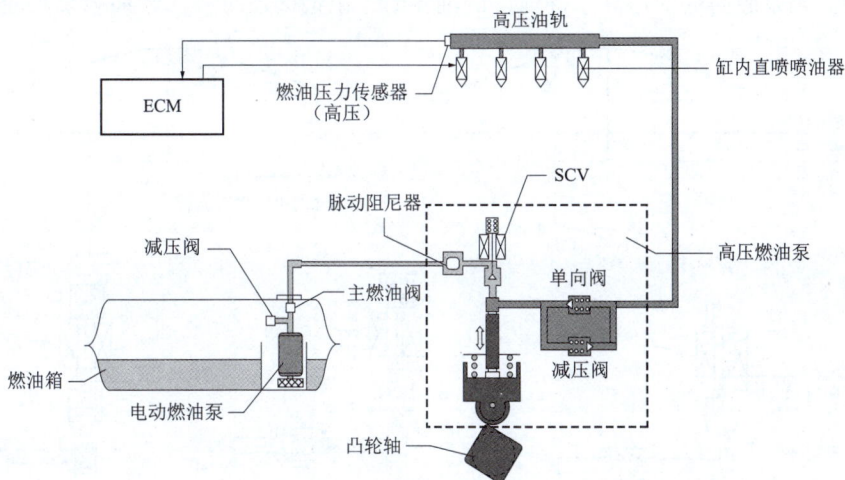

图 3-4-2　缸内直喷发动机燃油供给系统的组成

二、高压燃油供给系统

1. 高压油泵

高压油泵的功用是将电动燃油泵输送过来的压力燃油继续加压变成 4 ~ 20 MPa 的超高压燃油，并能根据发动机工况要求动态调整燃油的压力。高压油泵一般为单活塞高压泵，同时集成了燃油压力调节阀，如图 3-4-3 所示。

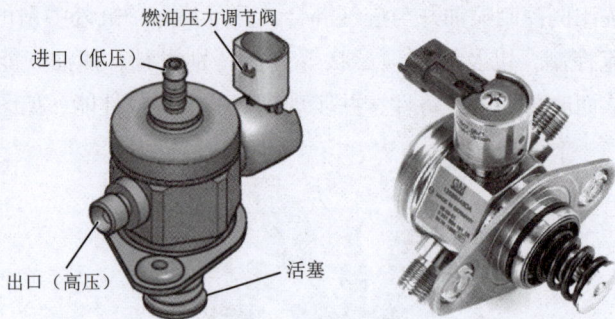

图 3-4-3　高压油泵的结构

高压油泵的工作过程分吸油、回油和泵油三个阶段。

1）吸油阶段。如图 3-4-4（a）所示，在吸油阶段中，进油阀打开，在泵活塞的整个下降过程中，燃油被吸入泵腔内。

2）回油阶段。如图 3-4-4（b）所示，为了控制实际的供油量，在泵活塞开始向上运动时，进油阀仍然保持打开状态，多余的燃油经泵活塞被压回低压区中。返回高压泵低压端的燃油会造成低压端油压产生波动现象，这一波动现象会被集成在高压泵内的缓压器吸收，使低压端的油压保持平稳。

3）供油阶段。如图 3-4-4（c）所示，在 ECM 计算出来的供油行程的起始点处，燃油压力调节阀会被短时通上电，进油阀关闭。由于泵活塞是向上运动的，因此泵腔内就建立起压力。当泵腔内的油压高于油轨内的油压时，出油阀被打开，燃油被泵入油轨内。

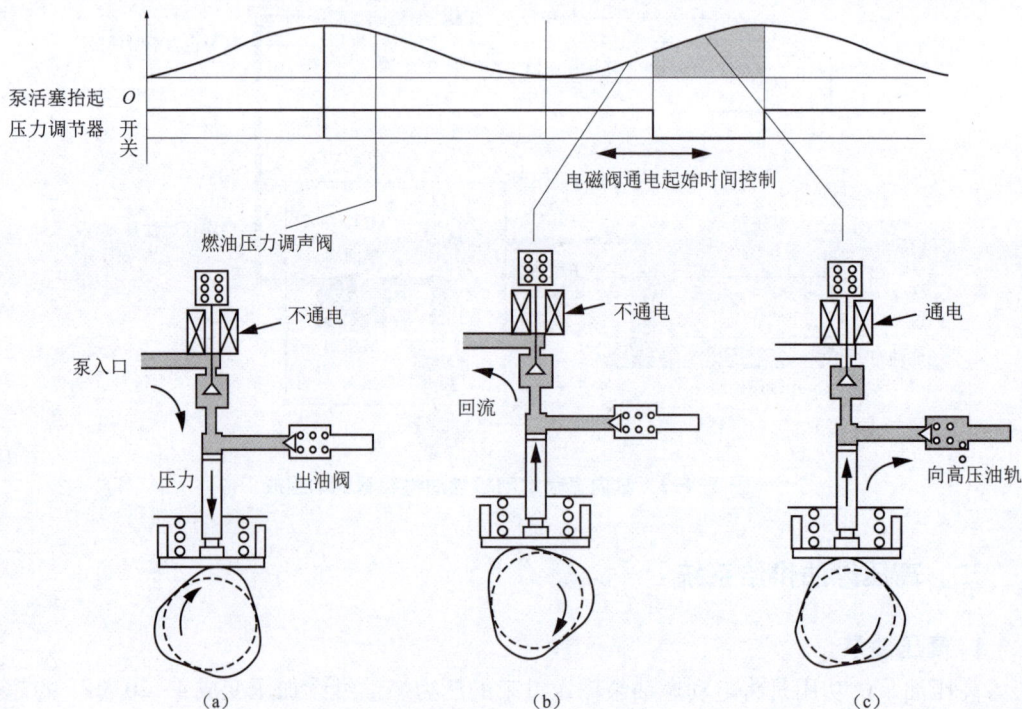

图 3-4-4　高压油泵的进油和出油

（a）吸油阶段；（b）回油阶段；（c）供油阶段

2. 燃油压力调节阀及控制电路

燃油压力调节阀安装在高压油泵上，其功能是根据发动机转速、负荷的不同，将高压油压调整到 4~20 MPa，以保证发动机在各种工况下均高效运转。燃油压力调节阀是由发动机控制模块控制的电磁阀，其电路图如图3-4-5所示。发动机控制模块经两根导线为燃油压力调节阀控制电路提供一个12 V的脉宽调制信号，该信号通过在泵行程期间的特定时段打开和关闭控制阀来调节燃油压力。高压油泵为常闭泵，在控制电磁阀未通电的情况下不会使燃油压力增大。

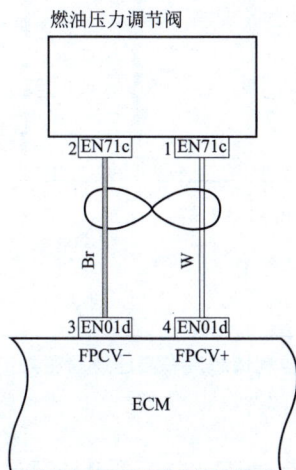

图 3-4-5　燃油压力调节阀电路图

3. 高压燃油压力传感器及控制电路

缸内直喷发动机一般有两个燃油压力传感器，一个是低压燃油压力传感器，另一个是高压燃油压力传感器。

低压燃油压力传感器检测燃油管中的燃油压力，向发动机控制模块提供一个燃油压力信号，用于提供"闭环"燃油压力控制，属于低压燃油供给系统，这里不再赘述。

高压燃油压力传感器一般安装在高压油轨上，能测量高达 200 bar 的压力。该传感器的核心是一个钢膜，在钢膜上镀有应变电阻，其结构及特性曲线如图3-4-6所示。当压力作用到钢膜的一侧时，由于钢膜弯曲，故会使应变电阻的电阻值发生变化，压力升高时电阻降低，信号电压升高，输出电压随着燃油压力的升高而增大。

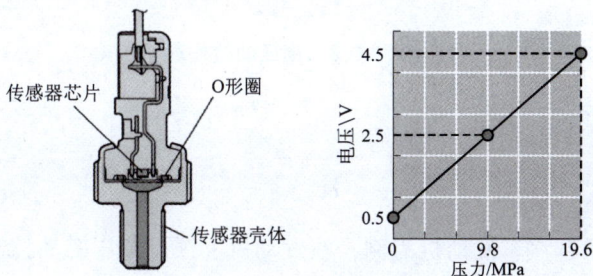

图 3-4-6　燃油压力传感器结构及特性曲线

图 3-4-7 所示为吉利博越汽车高压燃油压力传感器电路图，其中 EN70d/1 为传感器搭铁端，EN70d/2 为传感器信号端，EN70d/3 为传感器电源端。

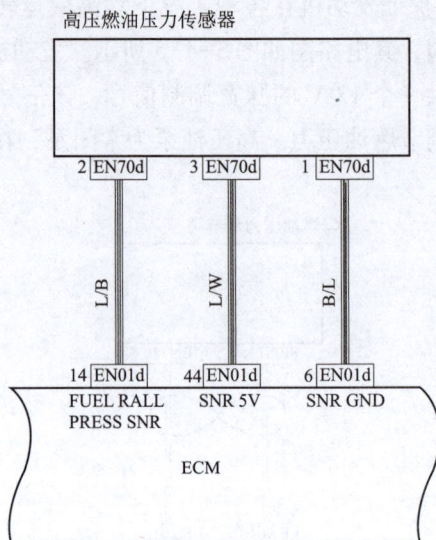

图 3-4-7　吉利博越汽车高压燃油压力传感器电路图

4. 高压油轨

高压油轨的功能是将一定的燃油压力分配到高压喷油器，并且提供足够大的容积来补偿压力波动。高压油轨是高压储存器，也是喷油器、燃油压力传感器、压力限制阀的安装架，如图 3-4-8 所示。

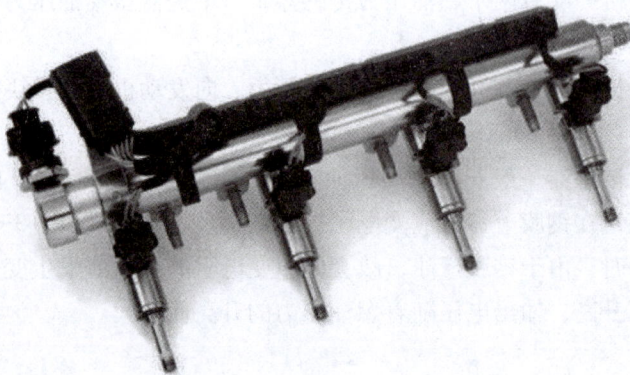

图 3-4-8　高压油轨外观

任务实施

本任务以吉利博越汽车发动机为例，在发动机上预设高压燃油控制系统故障，要求学生利用所学知识排除相关故障。

任务 3.4 缸内直喷高压燃油控制系统的检修

姓名：		班级：		学号：		日期：	

<table>
<tr><td rowspan="4">准备工作</td><td colspan="7">车辆信息</td></tr>
<tr><td>品牌：</td><td colspan="2">整车型号：</td><td colspan="2">车辆识别代码：</td><td colspan="2">发动机型号：</td></tr>
<tr><td colspan="7">检测工具耗材准备：</td></tr>
<tr><td colspan="7">制订检修计划及组员分工：</td></tr>
</table>

检修过程

第一步：高压燃油压力调节阀外观的检查　□正常　□异常 _____

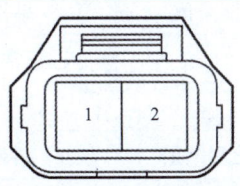

元件端子	ECM 端子	功能	导线颜色

第二步：高压燃油压力调节阀内阻的检测

检测端子	检测条件	标准值	测量值	结果分析
				□正常　□异常

第三步：高压燃油压力调节阀供电电路的检测

检测端子	检测条件	标准值	测量值	结果分析
				□正常　□异常

第四步：高压燃油压力调节阀控制电路的检测

检测条件	工况	检测结果	结果分析
	未起动		□正常　□异常
	怠速		□正常　□异常
	中高速		□正常　□异常

第五步：高压燃油压力调节阀控制信号波形的检测

标准波形	检测波形

检修过程	第六步：高压燃油压力传感器外观的检查		□正常 □异常_____		
		元件端子	ECM 端子	功能	导线颜色

	第六步：高压燃油压力传感器搭铁电路的检测				
	检测端子	检测条件	标准值	测量值	结果分析
					□正常 □异常

	第七步：高压燃油压力传感器供电电路的检测				
	检测端子	检测条件	标准值	测量值	结果分析
					□正常 □异常

	第八步：高压燃油压力传感器信号电路的检测			
	检测条件	工况	检测结果	结果分析
		未起动		□正常 □异常
		怠速		□正常 □异常
		中高速		□正常 □异常

检验与评估

缸内直喷高压燃油控制系统的检修评价表			
姓名：	班级：		学号：
自评：□合格 □不合格		师评：□合格 □不合格	
互评：□合格 □不合格		日期：	
缸内直喷高压燃油控制系统的检修评分细则			

序号	评分项	得分条件	分值	评分要求	自评	互评	师评
1	专业知识	□1. 能描述缸内直喷技术 □2. 能描述高压燃油系统的组成 □3. 能描述高压油泵和燃油压力调节阀的工作过程 □4. 能描述高压燃油压力传感器的类型和作用 □5. 能描述高压燃油压力传感器的工作原理 □6. 能描述高压燃油系统的工作原理	40	未完成 1 项扣 8 分，扣分不得超过 40 分			

续表

序号	评分项	得分条件	分值	评分要求	自评	互评	师评
2	专业技能能力	□1. 车辆安全防护、基本信息登记 □2. 车辆油、水、电的基本检查 □3. 高压燃油压力调节阀外观的检查 □4. 高压燃油压力调节阀内阻的检测 □5. 高压燃油压力调节阀供电电路的检测 □6. 高压燃油压力调节阀控制电路的检测 □7. 高压燃油压力传感器外观的检测 □8. 高压燃油压力传感器搭铁电路的检测 □9. 高压燃油压力传感器供电电路的检测 □10. 高压燃油压力传感器信号电路的检测	50	未完成 1 项扣 6 分，扣分不得超过 50 分			
3	安全与素养	□1. 能积极主动参与学习，独立查阅资料 □2. 能与小组成员分工合作，不影响学习进度 □3. 能展示、分享小组学习成果 □4. 能独立规范操作 □5. 能正确使用维修、检验工具 □6. 能进行三不落地操作 □7. 能进行工位 7S 操作	10	未完成 1 项扣 2 分，扣分不得超过 10 分			
合计			100				

练习与思考

一、选择题

1. 汽油机缸内直喷燃油供给系统高压回路部分可将燃油压力调整至（　　）。

A. 0.4~0.6 MPa   B. 2~3 MPa   C. 4~20 MPa   D. 100 MPa 以上

2. 在多点电控汽油喷射系统中，喷油器的喷油量主要取决于喷油器（　　）。

A. 喷孔的大小   B. 线圈两端的电压

C. 针阀升程的大小   D. 针阀开启的持续时间

3. 用万用表测得喷油器电磁线圈电阻值为无穷大，则该喷油器工作时会（　　）。

A. 喷油量过大   B. 喷油量过小   C. 不喷油   D. 持续喷油器

4. 汽油机空燃比大于 14.7 的混合气为（　　）混合气。

A. 浓　　　　　　　B. 稀　　　　　　　C. 理论　　　　　　　D. 功率

5. 当发动机熄火后，（　　）阻止燃油从供油管路返回到燃油箱。

A. 油泵限压阀　　　B. 油泵单向阀　　　C. 喷油器　　　　　D. 油压调节器

6. 起动发动机前，将点火开关置于"ON"挡时，电动燃油泵（　　）。

A. 不运转　　　　　B. 持续运转　　　　C. 运转2~3 s后停止　D. 间歇性运转

二、填空题

1. 燃油供给系统主要由 _____ 、 _____ 、 _____ 、 _____ 、 _____ 和 _____ 等组成。

2. 空燃比是可燃混合气中 _____ 与 _____ 之比。

3. 汽油理论空燃比是 _____ ，柴油理论空燃比是 _____ 。

4. _____ 的主要功用是连续不断地把燃油从汽油箱吸出，以供给燃油系统足够的具有规定压力的汽油。

5. 电动燃油泵控制电路对电动燃油泵控制的基本要求是：打开点火开关后，ECU 控制燃油泵工作 _____ ，以建立必需的 _____ 。

6. _____ 的功用是按照 ECU 的指令将一定数量的燃油以雾状的形式适时地喷入进气道或气缸内，并与其中的空气混合形成可燃混合气。

7. 喷油器按阻值不同分为低阻型喷油器和高阻型喷油器，低阻型喷油器的电阻为 _____ Ω，高阻型喷油器的电阻为 _____ Ω。喷油器按驱动方式不同可分为 _____ 驱动与 _____ 驱动两种方式。

8. 发动机起动时，喷油器的基本喷油时间不是根据进气量和发动机转速计算确定的，而是 ECU 根据起动信号和当时的 _____ 温度信号确定的。

9. 缸内直喷发动机的高压回路部分主要由 _____ 、 _____ 、 _____ 、 _____ 和 _____ 等组成。

10. 缸内喷射又称为汽油直接喷射，是将燃油通过喷油器直接喷入 _____ 。

三、判断题

1. 现代轿车一般都将电动燃油泵安装在燃油箱里。　　　　　　　　　　（　　）

2. 通过测试燃油系统压力，可诊断燃油系统是否有故障。　　　　　　　（　　）

3. 在拆卸燃油系统内任何元件时，都必须首先释放燃油系统压力。　　　（　　）

4. 电动燃油泵单向阀起到卸压的作用。　　　　　　　　　　　　　　　（　　）

5. 当发动机运行时，喷油器的基本喷油量取决于冷却液温度传感器信号。（　　）

四、简答题

1. 简述燃油压力检测时的泄压步骤。

2. 发动机熄火后的燃油保持压力下降过多、过快，故障原因有哪些？会导致什么不良后果？

项目4　电控点火系统的检修

项目描述

有一辆吉利博越汽车发动机怠速时抖动，加速时动力不足，在大负荷时症状尤为明显。维修技师判断该故障多为发动机单缸或多缸不工作，有可能是单缸或多缸间歇跳火，请你对该车的点火控制系统进行全面检查，并排除此故障。

项目解析

电控点火系统是发动机电控系统的重要组成部分，是电控汽油机完成点火的核心，要排除此系统的故障，首先必须掌握电控点火系统的基本结构和工作原理，并掌握其部件及控制电路的检测方法。在排除故障时，应该对点火线圈、爆燃传感器、曲轴位置传感器、凸轮轴位置传感器及其控制电路进行检测。

任务 4.1　点火线圈及控制电路的检修

任务导入

有一辆吉利博越汽车发动机怠速时抖动，加速时动力不足，在大负荷时症状尤为明显。维修技师判断该故障多为发动机单缸或多缸不工作，有可能是单缸或多缸间歇失火，请你对该车的点火线圈及控制系统进行全面检查，并排除此故障。

任务目标

※知识目标

1. 能熟练描述点火系统的工作原理与控制过程。

2. 能准确描述点火提前角的概念和控制原理。

※能力目标

1. 能通过与客户交流、查阅相关维修技术资料等方式获取车辆信息，正确确认故障现象。

2. 能就车找到点火系统各组件并进行外观检查，排除物理故障。

3. 能查阅维修资料，看懂点火线圈原理图与电路图，并会制订正确的维修计划。

4. 能对点火控制系统的部件进行检测，测试并正确记录、分析各种检测结果（信号电压、波形等），做出故障判断。

※素养目标

1. 培养爱岗敬业、精益求精的工匠精神。

2. 具有良好的沟通能力和团队协作能力。

3. 具有强烈的责任心和社会责任感，能根据环保要求，正确处理对环境和人体有害的辅料、废气、废液和已损坏的零部件。

相关知识

一、认识点火系统

1. 点火系统的作用

点火系统的作用就是根据发动机的工作状态，按照发动机的工作顺序，在合适的时刻

供给火花塞足够能量的高压电，使其电极间产生火花，确保能点燃混合气，使发动机做功。

2. 点火系统的分类

按点火系统发展历程和点火方式的不同，将点火系统分为传统点火系统、电子点火系统和电控点火系统（微机控制点火系统），如图 4-1-1 所示。现代发动机均采用单缸独立点火的电控点火系统。

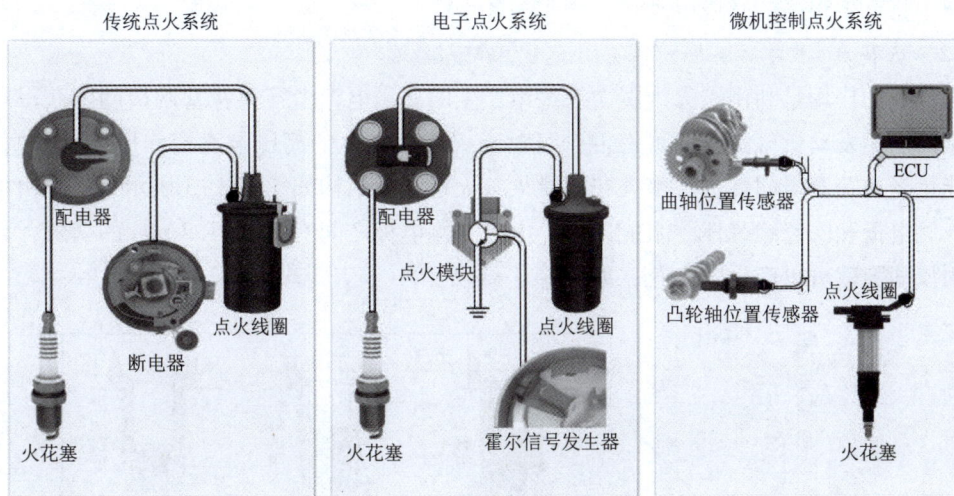

图 4-1-1　电控点火系统的类型

3. 点火系统的组成及其工作原理

电控点火系统主要由点火模块（也称为点火器）、点火线圈、火花塞、ECU 和相关传感器等组成，如图 4-1-2 所示。

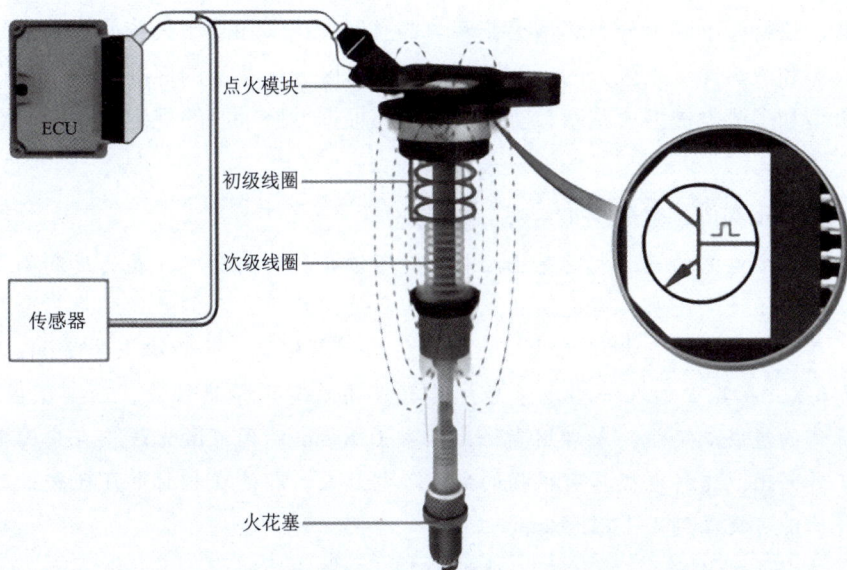

图 4-1-2　电控点火系统的组成及点火模块的结构

（1）点火线圈

现代汽车的点火线圈主要由初级线圈、次级线圈和铁芯等组成，并且每缸都配备一个点火线圈的单缸独立点火系统，由于当前汽车发动机上基本都将点火模块与点火线圈做成一体，所以在点火线圈内还有一个点火模块，内部有晶体管电路。

当点火线圈初级电路导通时，有电流从点火线圈中的初级电路通过，使初级线圈产生磁场；当点火模块内的晶体管截止时，初级电路中的电流被切断，磁场消失，此时在其次级线圈中将产生很高的感应电动势，为 15~20 kV。

（2）火花塞

火花塞的作用是利用点火线圈次级绕组产生的高压电，击穿火花塞两极间隙获得电火花，从而点燃发动机气缸内的可燃混合气。点火线圈产生的高压电直接作用在火花塞上，点火能量经火花塞瞬间释放，使火花塞跳火。火花塞的结构如图 4-1-3 所示，主要由中心电极、侧电极和陶瓷绝缘体等组成，中心电极与侧电极之间有 0.9~1.2 mm 的间隙，高压电利用该间隙就可以产生电火花，如图 4-1-3 所示。

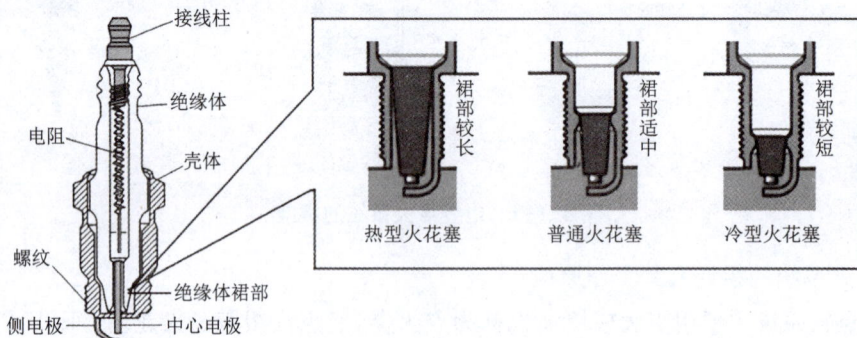

图 4-1-3 火花塞的结构

火花塞按热特性不同可分为热型火花塞、普通型火花塞和冷型火花塞，一般是按照火花塞群部长短和散热速度来区分的。电极的形状也是区分火花塞的标准之一，轿车中常用的是细电极型和多侧电极型火花塞，实际使用中要根据维修手册的规定使用不同要求的火花塞。

知识拓展——火花塞间隙标准尺寸

具有镍基合金电极的普通火花塞已经越来越不适合具有高功率、高速度和高压缩比的现代发动机。为了使火花塞具有更高的点火性能和使用寿命，人们开始瞄准贵金属，将其用于电极，并相应地改进点火端的结构。贵金属的熔点极高，铂的熔点为 2 042 K，铱的熔点为 2 716 K，在其中加入一些元素后，具有极高的耐化学腐蚀性，通常做成薄电极，直接在绝缘体的烧成端烧结，或者用直径为 0.4~0.8 mm 的圆片激光焊接在中心电极前端和侧电极工作面上。这种电极具有很强的尖端放电效应，即使在相对电压比较低时也能点燃，其火花间隙可提高到 1.1~1.5 mm。

延伸阅读

作为点火系统的重要部件，火花塞是需要定期更换的，常见的火花塞品牌有 NGK、

BOSCH、DENSO 电装、CHAMPION 冠军、TORCH 火炬等，主要是国外企业。火炬 TORCH 火花塞在国内市场销量很高，作为目前中国最大的火花塞品牌，其品质一流，性价比很高。同时火炬 TORCH 火花塞在国际市场上也取得了很大的成就，通过福特 Q1 认证，成为福特公司全球认可的供应商。

二、点火系统的工作要求及电控点火系统控制功能

1. 点火系统的工作要求

（1）能产生足够高的次级电压

用于点燃可燃混合气的电火花是在发动机气缸内火花塞的两个电极之间的气体经电离作用产生电弧放电而产生的，使气体电离的先决条件是必须有足够高的电压。这个能使火花塞两电极间产生电火花的足够高的电压称为击穿电压，一般为 $15\sim20$ kV。

（2）电火花要有足够的点火能量

点火系统应该保证发动机在正常工作时有 $50\sim80$ mJ 的点火能量，在发动机起动时有大于 100 mJ 的点火能量。

（3）点火系要保证适时点火

点火系统应满足发动机工作顺序的点火要求，必须在最佳的时刻进行点火。

混合气从开始点燃到完全燃烧是需要一定时间的，所以必须在活塞到达压缩行程上止点前点燃可燃混合气才能使发动机发出最大的功率。实验表明：如果点火时间适当，则混合气燃烧后出现最大压力应在上止点后 $10°\sim15°$。因此混合气燃烧对应的曲轴转角为 $10°\sim27°$，此时发动机的工作性能达到最佳。如果点火过迟，会导致发动机过热，尾气温度升高和功率下降。如果点火过早，活塞受到反冲阻力，发动机的功率降低，会引起爆燃和发动机抖动现象，还会加快各零件的损坏。

2. 电控点火系统控制功能

发动机电控点火系统的控制功能主要包括点火提前角控制、通电时间控制及爆燃控制三个方面。

（1）点火提前角控制

点火提前角是指从火花塞电极产生电火花开始到活塞行至上止点时为止这一段时间内曲轴所转过的角度，用 θ 来表示。通常把发动机发出最大功率和最小油耗时的点火提前角称为最佳点火提前角。

1）影响点火提前角的因素。

最佳点火提前角的数值需要根据转速、负荷、燃料性质和可燃混合气浓度等多种因素而定。

①发动机转速：发动机转速提高，则燃烧行程所需时间缩短，但燃烧行程所占曲轴转角增大，为了保证发动机气缸内的最高压力出现在上止点后 $10°\sim15°$ 的最佳位置，就必须适当提前点火。

②负荷：发动机的负荷调节是通过节气门进行进气量调节，即随着负荷减小，进气管

真空度增大，进气量减少，气缸内的温度和压力均降低，燃烧速度变慢，燃烧行程所占的曲轴转角增大，故应适当增大点火提前角。

③燃料的性质：汽油的辛烷值越高，抗爆性越好，点火提前角可适当增大，以提高发动机的性能；辛烷值较低的汽油，抗爆性差，点火提前角则应减小。

2）点火提前角的确定。

点火提前角可分为两个阶段控制，第一阶段是起动时点火提前角控制，第二阶段是起动后点火提前角控制。

①起动时点火提前角控制。

起动时发动机转速通常均低于 500 r/min，由于进气量或进气歧管压力信号不稳定，故 ECU 无法正确计算点火时间。通常由 ECU 直接设定固定点火提前角，一般为上止点前 10°左右（因发动机型号而异），与发动机工况无关。

②起动后点火提前角控制。

起动后的点火提前角＝固定点火提前角+基本点火提前角+修正点火提前角。怠速工况时基本点火提前角由 ECU 根据节气门位置传感器信号（IDL 信号）、发动机转速传感器信号（Ne 信号）、空调开关信号（A/C 信号）等来确定，如图 4-1-4 所示。其他工况下基本点火时间由 ECU 根据发动机的转速和负荷对照存储器中存储的基本点火时间控制模型来确定，如图 4-1-5 所示。

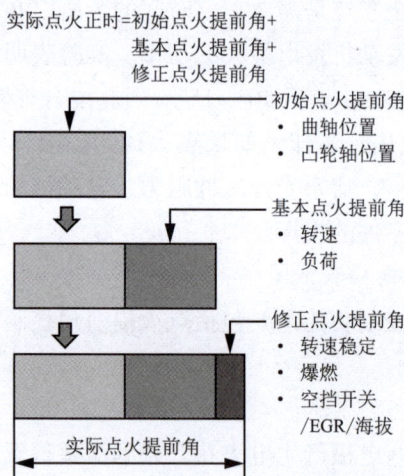

实际点火正时=初始点火提前角+
基本点火提前角+
修正点火提前角

初始点火提前角
· 曲轴位置
· 凸轮轴位置

基本点火提前角
· 转速
· 负荷

修正点火提前角
· 转速稳定
· 爆燃
· 空挡开关
/EGR/海拔

实际点火提前角

图 4-1-4　发动机实际点火提前角构成

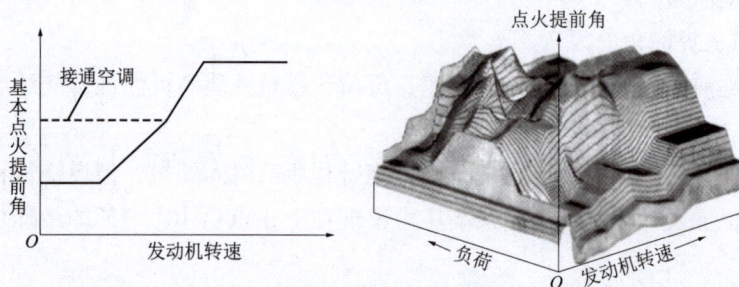

图 4-1-5　点火时间控制图

③点火提前角的修正。

ECU 可根据各传感器的输入信号对点火提前角进行修正，修正内容包括低温修正、暖车修正、怠速稳定修正、高温修正、空燃比反馈修正、转矩控制修正、爆燃修正。电控点火系统相关传感器的功用详见表 4-1-1。

表 4-1-1　电控点火系统相关传感器的功用

组成		功用
输入信号	空气流量传感器（L 型）	检测进气量信号输入 ECU，作为点火系统的主控信号
	进气歧管绝对压力传感器	
	曲轴位置传感器（Ne）	检测曲轴转速（转角）信号输入 ECU，作为点火系统的主控信号
	凸轮轴位置传感器（G1、G2）	检测凸轮轴转角信号输入 ECU，作为点火系统的主控信号
	节气门位置传感器	检测节气门开度信号输入 ECU，作为点火系统的修正信号
	冷却液温度传感器	检测发动机冷却液温度信号输入 ECU，作为点火系统的修正信号
	进气温度传感器	检测进气温度信号输入 ECU，作为点火系统的修正信号
	爆燃传感器	检测发动机爆燃信号输入 ECU，作为点火系统的修正信号
	起动开关	向 ECU 输入起动信号，作为点火系统的修正信号
	空调（A/C）开关	向 ECU 输入空调工作信号，作为点火系统的修正信号
	空挡起动开关	向 ECU 输入 P 位和 N 位信号，作为点火系统的修正信号

（2）通电时间控制

通电时间控制也称为闭合角控制。初级电路被断开瞬间所能达到的断开电流值与初级电路接通时间的长短有关，只有通电时间达到一定值时，初级电路电流才可能达到饱和。次级电路高压的最大值与一次断开电流成正比，而次级电路电压的高低又会直接影响点火系统工作的可靠性，通电时间过长，点火线圈会发热并增大电能消耗。所以在发动机工作时，必须对点火线圈初级电路通电时间进行精确控制。

影响初级电路通过电流的主要因素有发动机转速和蓄电池电压。为了保证在不同的蓄电池供电电压和不同的转速下都具有相同的初级电路电流，ECU 根据蓄电池电压和发动机转速信号，从预置的通电时间数据表中查出相应的数值，对通电时间进行控制，如图 4-1-6 所示。当发动机转速高时，应当增大闭合角，以防止初级线圈通过的电流值下降，造成二次高压下降、点火困难；当蓄电池电压下降时，基于相同的理由，也应适当增大闭合角。

由此可知，通过对通电时间的准确控制，不但改善了点火系统的点火性能，同时可以防止初级线圈发热和电能的无效损耗。

（3）爆燃控制

爆燃是发动机工作时的一种不正常燃烧现象，是发动机运行中最有害的一种故障现象。影响爆燃的最大因素是点火提前角，爆燃控制系统实际上是在电控点火系统中增加了爆燃传感器，ECU 根据爆燃传感器信号对点火提前角实行反馈控制，具体内容将在爆燃传感器相关项目中进行详细介绍。

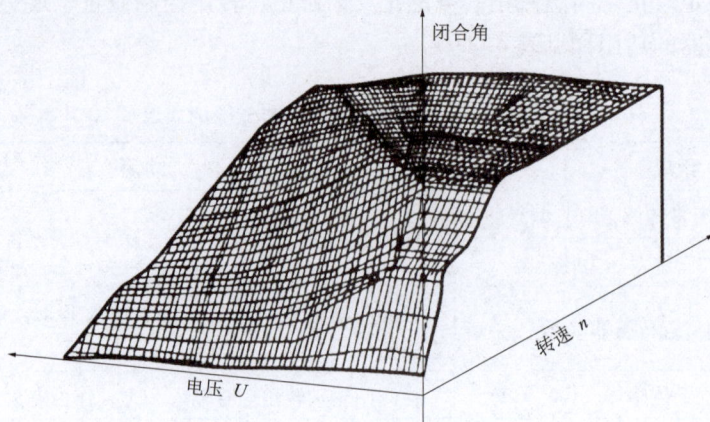

图 4-1-6　闭合角控制模型

三、点火系统诊断与检修

吉利博越汽车发动机点火线圈电路图如图 4-1-7 所示，以一缸点火线圈为例，EN15c/1 为电源端，EN15c/2 为点火信号线，EN15c/3 为搭铁端子。

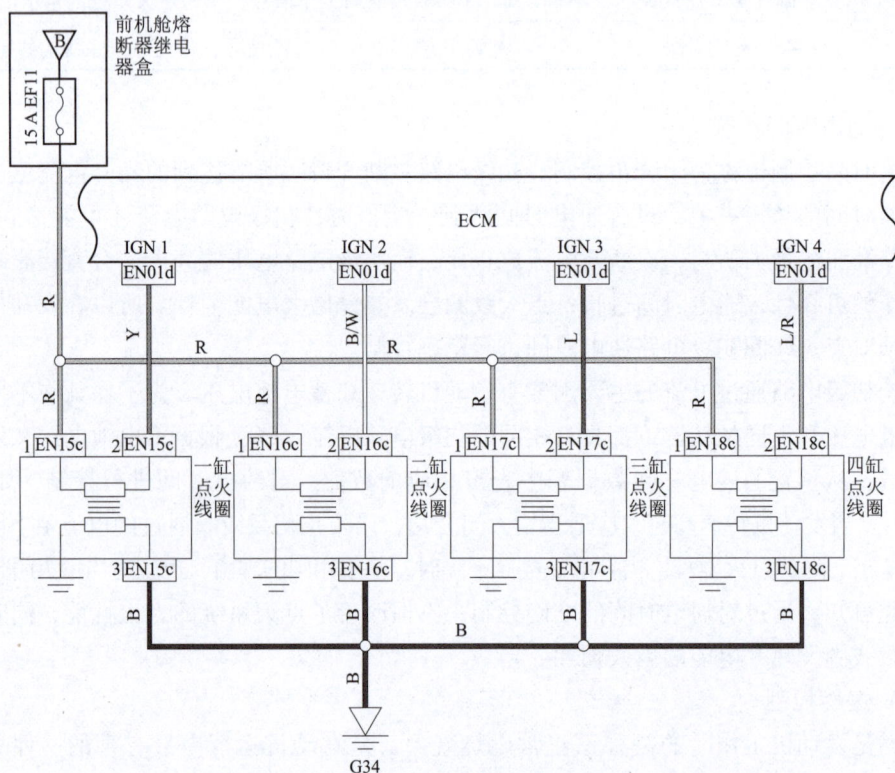

图 4-1-7　吉利博越汽车发动机点火线圈电路图

1. 检查控制电路

1）查找各个插接器是否有污损、插接不到位而引起的接触不良。

2）检查点火控制电路导线是否断路，是否有因磨损而引起导线间或导线与车身间的短路现象。

3）断开故障气缸点火线圈的插接器，将点火开关置于"ON"位，测量供电电路电压。

4）检查各个元器件连接是否有零件松动、变形等机械故障。

5）检查火花塞外观或参数是否异常。

6）检查发动机工作时是否有异响，点火器、点火线圈温度是否正常。

7）利用一些简单的通用仪器（万用表、示波器等）或一些专用的诊断仪器设备，对电控系统故障进行检测、分析和诊断。

2. 点火波形分析

用示波器连接点火系统控制电路，将检测波形与标准波形图进行比对，电控点火系统工作正常时的单缸一次和二次波形如图 4-1-8 所示。

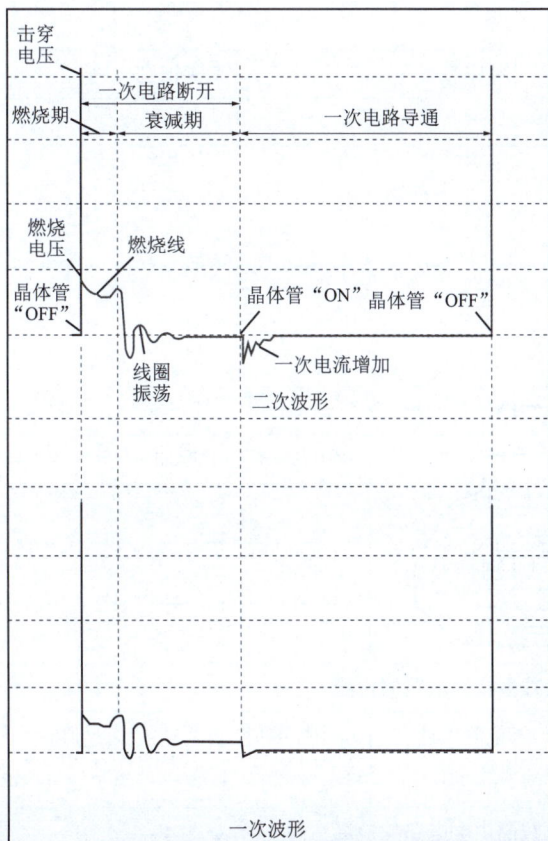

图 4-1-8 电控点火系统工作正常时的单缸一次和二次波形

知识拓展——稀薄燃烧的新型点火技术：微波点火技术简介

微波点火技术利用特定频率的微波谐振形成强电磁场，从而击穿燃烧室内大范围的混合气，使等离子体数量增加，形成空间多点点火，突破了传统火花塞单点点火的限制，具有点火可靠、燃烧稳定、燃烧速度快和热效率高等优点，有效改善了燃烧稳定性，拓宽了稀燃极限，且无须改变发动机结构，成为一种具有应用潜力的新型汽油机点火模式。根据微波点火的实现方式，可以将目前应用于内燃机的微波点火技术分为微波谐振炬点火、微波辐射空间点火和微波等离子体助燃三类，是一种极具潜力的新型点火方式，目前已经有相关技术在实车上进行实验，未来将可能大规模使用。

任务实施

　　本任务以吉利博越汽车为例，在车上预设点火线圈故障，要求学生利用所学知识进行检修，并排除相关故障。

<table>
<tr><td colspan="5" align="center">任务4.1　点火线圈及控制电路的检修</td></tr>
<tr><td>姓名：</td><td colspan="2">班级：</td><td>学号：</td><td>日期：</td></tr>
<tr><td rowspan="6">准备工作</td><td colspan="4">车辆信息</td></tr>
<tr><td>品牌：</td><td>整车型号：</td><td>车辆识别代码：</td><td>发动机型号：</td></tr>
<tr><td></td><td></td><td></td><td></td></tr>
<tr><td colspan="4">检测工具耗材准备：</td></tr>
<tr><td colspan="4"></td></tr>
<tr><td colspan="4">制订检修计划及组员分工：</td></tr>
</table>

	第一步：一缸点火线圈外观的检查		□正常　□异常 _____		
检修过程		元件端子	ECM端子	功能	导线颜色

第二步：一缸点火线圈搭铁电路的检测				
检测端子	检测条件	标准值	测量值	结果分析
				□正常　□异常

第三步：一缸点火线圈供电电路的检测				
检测端子	检测条件	标准值	测量值	结果分析
				□正常　□异常

续表

检修过程	第四步：一缸点火线圈信号电路的检测				
	检测条件	工况		检测结果	结果分析
		未起动			□正常 □异常
		怠速			□正常 □异常
		中高速			□正常 □异常
	第五步：二缸点火线圈外观的检查		□正常 □异常＿＿＿＿		
	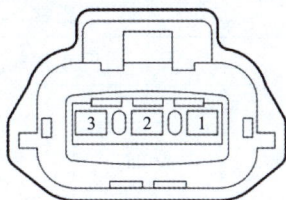	元件端子	ECM 端子	功能	导线颜色
	第六步：二缸点火线圈搭铁电路的检测				
	检测端子	检测条件	标准值	测量值	结果分析
					□正常 □异常
	第七步：二缸点火线圈供电电路的检测				
	检测端子	检测条件	标准值	测量值	结果分析
					□正常 □异常
	第八步：二缸点火线圈信号电路的检测				
	检测条件	工况		检测结果	结果分析
		未起动			□正常 □异常
		怠速			□正常 □异常
		中高速			□正常 □异常
	第九步：三缸点火线圈外观的检查		□正常 □异常＿＿＿＿		
	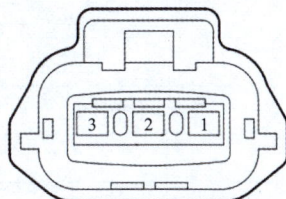	元件端子	ECM 端子	功能	导线颜色
	第十步：三缸点火线圈搭铁电路的检测				
	检测端子	检测条件	标准值	测量值	结果分析
					□正常 □异常

<table>
<tr><td rowspan="40">检修过程</td><td colspan="6">第十一步：三缸点火线圈供电电路的检测</td></tr>
</table>

检测端子	检测条件	标准值	测量值	结果分析	
				□正常	□异常

第十二步：三缸点火线圈信号电路的检测

检测条件	工况	检测结果	结果分析	
	未起动		□正常	□异常
	怠速		□正常	□异常
	中高速		□正常	□异常

第十三步：四缸点火线圈外观的检查　　□正常　□异常＿＿＿＿＿＿＿＿

元件端子	ECM 端子	功能	导线颜色

第十四步：四缸点火线圈搭铁电路的检测

检测端子	检测条件	标准值	测量值	结果分析	
				□正常	□异常

第十五步：四缸点火线圈供电电路的检测

检测端子	检测条件	标准值	测量值	结果分析	
				□正常	□异常

第十六步：四缸点火线圈信号电路的检测

检测条件	工况	检测结果	结果分析	
	未起动		□正常	□异常
	怠速		□正常	□异常
	中高速		□正常	□异常

标准波形	检测波形

续表

检修过程	第十七步：故障结论和分析		
	元件损坏名称：		维修建议：□更换　□维修　□调整
	线路故障区间：		维修建议：□更换　□维修　□调整

检验与评估

点火线圈及控制电路的检修评价表

姓名：		班级：		学号：	
自评：□合格　□不合格			师评：□合格　□不合格		
互评：□合格　□不合格			日期：		

点火线圈及控制电路的检修评分细则

序号	评分项	得分条件	分值	评分要求	自评	互评	师评
1	专业知识	□1. 能描述点火系统的作用 □2. 能描述点火系统的分类 □3. 能描述点火系统的组成 □4. 能描述点火系统的工作原理 □5. 能描述点火系统的工作要求 □6. 能描述电控点火系统的控制功能 □7. 能描述点火提前角的概念 □8. 能分析影响点火提前角的因素 □9. 能描述点火提前角的控制原理	40	未完成 1 项扣 5 分，扣分不得超过 40 分			
2	专业技能能力	□1. 车辆安全防护、基本信息登记 □2. 能正确使用维修工具 □3. 能正确使用万用表 □4. 能正确使用诊断仪器 □5. 车辆油、水、电的基本检查 □6. 一缸点火线圈外观的检查 □7. 一缸点火线圈搭铁电路的检测 □8. 一缸点火线圈供电电路的检测 □9. 一缸点火线圈信号电路的检测 □10. 一缸点火线圈信号波形的检测 □11. 二缸点火线圈外观的检查 □12. 二缸点火线圈搭铁电路的检测 □13. 二缸点火线圈供电电路的检测 □14. 二缸点火线圈信号电路的检测 □15. 三缸点火线圈外观的检查 □16. 三缸点火线圈搭铁电路的检测 □17. 三缸点火线圈供电电路的检测	50	未完成 1 项扣 3 分，扣分不得超过 50 分			

序号	评分项	得分条件	分值	评分要求	自评	互评	师评
2	专业技能能力	□18. 三缸点火线圈信号电路的检测 □19. 四缸点火线圈外观的检查 □20. 四缸点火线圈搭铁电路的检测 □21. 四缸点火线圈供电电路的检测 □22. 四缸点火线圈信号电路的检测	50	未完成 1 项扣 3 分，扣分不得超过 50 分			
3	安全与素养	□1. 能积极主动参与学习 □2. 能与小组成员分工合作，不影响学习进度 □3. 能独立查阅资料 □4. 能独立规范操作 □5. 能进行工位 7S 操作 □6. 能进行设备和工具安全检查 □7. 能进行车辆安全防护操作 □8. 能进行工具清洁、校准、存放操作 □9. 能进行三不落地操作	10	未完成 1 项扣 2 分，扣分不得超过 10 分			
		合计	100				

任务 4.2　曲轴位置传感器和凸轮轴位置传感器及控制电路的检修

任务导入

有一辆吉利博越汽车发动机怠速时抖动，加速时动力不足，在大负荷时症状尤为明显。维修技师判断该故障多为发动机单缸或多缸不工作，有可能是单缸或多缸间歇跳火。请你对该车的曲轴位置传感器和凸轮轴位置传感器进行检查，并排除相关故障。

任务目标

※**知识目标**

1. 能准确描述曲轴位置传感器的类型、工作原理和各标准参数。

2. 能准确描述凸轮轴位置传感器的类型、工作原理和各标准参数。

※**能力目标**

1. 能通过与客户交流、查阅相关维修技术资料等方式获取车辆信息，正确确认故障现象。

2. 能就车找到曲轴位置传感器，并对其类别进行判断，能看懂原理图与电路图。

3. 能就车找到凸轮轴位置传感器，并对其类别进行判断，能看懂原理图与电路图。

4. 能查阅维修资料，能正确制订维修计划，能对器件参数进行检测，并能正确记录、分析各种检测结果（信号电压、波形等），做出故障判断。

5. 能对传感器进行维修更换作业，并能对发动机进行测试、检查及评估修复质量。

※**素养目标**

1. 培养爱岗敬业、精益求精的工匠精神。

2. 具有良好的沟通能力和团队协作能力。

3. 具有强烈的责任心和社会责任感，能根据环保要求，正确处理对环境和人体有害的辅料、废气、废液和已损坏的零部件。

一、曲轴位置传感器的作用

曲轴位置传感器主要用于检测发动机的实时转速、转角及基准位置信号，是反映发动机负荷的重要参数，也是实施喷油和点火的主控信号。曲轴位置传感器是发动机控制系统中最主要的传感器之一，是确认曲轴转角位置和发动机转速不可缺少的信号之一，发动机电脑用此信号控制燃油喷射量、喷油正时、点火时刻、点火线圈闭合角、怠速转速和电动汽油泵的运行。

曲轴位置传感器的安装位置随着车型发生变化，安装位置不完全相同，但一般位于发动机前端靠近曲轴带轮或发动机的后端靠近飞轮处，如图 4-2-1 所示。

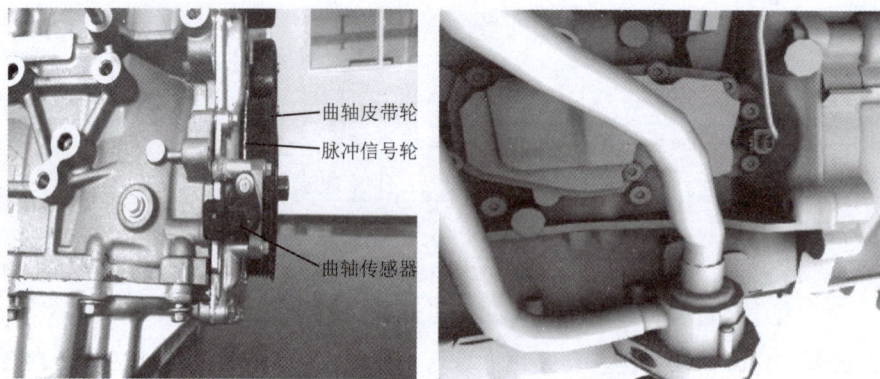

图 4-2-1　曲轴位置传感器安装位置

二、曲轴位置传感器的类型

曲轴位置传感器可分为磁阻式、磁脉冲式和霍尔式等。在现有吉利车型中磁阻式曲轴位置传感器使用的比较多。

1. 磁脉冲式曲轴位置传感器

磁脉冲式曲轴位置传感器广泛应用于汽车发动机上，其组成包括由导磁材料制成的信号齿圈（或变磁阻环）、永久磁铁和线圈等，如图 4-2-2 所示。磁脉冲式曲轴位置传感器有两线式和三线式两种类型，两线式的两根导线为信号回路线，三线式的多了一根抗干扰屏蔽线。

当曲轴转动时，齿圈也随之转动，凸齿不断地靠近、远离曲轴位置传感器内部的软铁芯，使线圈内的磁通量交替变化，从而在线圈中产生交变的感应电动势。如果信号齿圈有 58 个凸齿，每个凸齿按 6° 间隔分布，两个缺失齿被用作基准标记，则当每个凸齿转过曲

轴位置传感器时，曲轴位置传感器都会产生一个交流信号，曲轴每转动一圈会输出 58 个脉冲，当齿圈基准标记转过曲轴位置传感器时，交流信号的周期会增大，其输出信号波形如图 4-2-3 所示。ECU 根据曲轴位置传感器的输出信号计算发动机转速，并根据基准标记对应的交流信号计算曲轴位置，然后确定最佳的点火和喷油时刻。

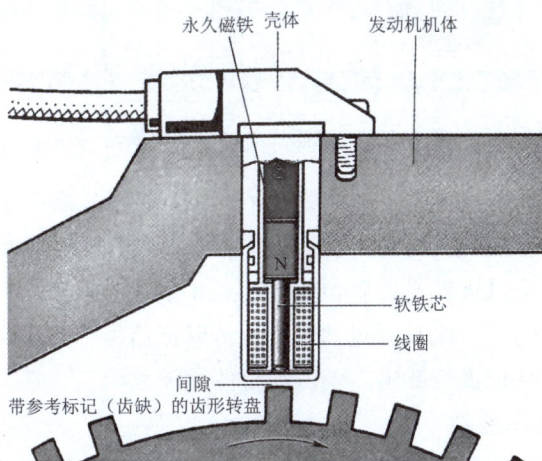

图 4-2-2　磁脉冲式曲轴位置传感器

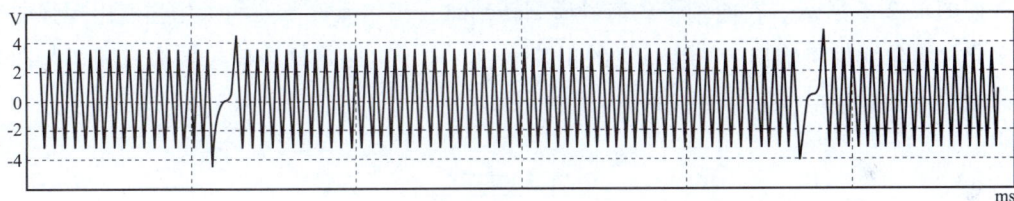

图 4-2-3　曲轴位置传感器输出信号波形

注意事项

在更换曲轴位置传感器时，一定要注意间隙调整，如果安装不正确、间隙大小不合适，则会影响传感器的正常工作，必要时需要在传感器的底面垫上塑料纸垫或纸板垫，以调整传感器的安装深度。对于某些车型，曲轴位置传感器的固定螺栓是特制的，以保证传感器与飞轮之间有一个正确的间隙。不允许装用其他螺栓代替特制的螺栓。

2. 磁阻式曲轴位置传感器

磁阻式曲轴位置传感器利用磁阻元件的磁阻效应来检测曲轴位置和发动机转速。磁阻效应是指半导体材料的电阻值随磁场强度变化的规律，即磁场增大、电阻增大，磁场减小、电阻减小，以实现磁电转换。利用磁阻效应制成的磁敏电阻元件称为磁阻元件，简称 MRE。

磁阻式曲轴位置传感器由多极磁环（或变磁阻转子）、MRE 元件和电子电路组成，其中 MRE 元件接入测量电桥的一个桥臂，如图 4-2-4 所示。当多极磁环随曲轴转动时，MRE 的磁通量呈周期性变化，MRE 的电阻随之变化，电子电路将这一电阻转变为脉冲电压信号输出。

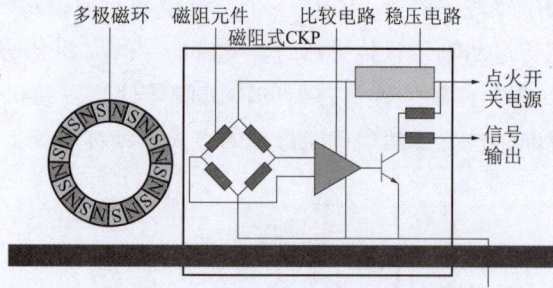

图 4-2-4　磁阻式曲轴位置传感器

磁阻式曲轴位置传感器通常有三个接线端子，分别是 5 V 高电平参考电路、低电平参考电路和信号输出端子。磁阻式曲轴位置传感器工作形式与电磁式曲轴位置传感器有些相似，当多极磁环上的每个磁极转过曲轴位置传感器时，会向 ECU 发送方波信号，方波信号的频率取决于曲轴的转速。ECU 通过曲轴位置传感器信号脉冲来确定发动机的转速，并对曲轴多极磁环的基准标记进行解码，以识别曲轴位置。

3. 霍尔式曲轴位置传感器

霍尔式曲轴位置传感器利用霍尔效应检测曲轴位置和发动机转速。

霍尔式曲轴位置传感器由信号齿圈、霍尔元件、永久磁铁和电子电路等组成，其工作原理如图 4-2-5 所示。在曲轴带动信号齿圈转动时，霍尔元件所处的磁场强度出现强弱交替变化，霍尔元件将输出一个毫伏级的正弦信号，电子电路将这个信号转换成频率与曲轴转速相对应的脉冲电压，以方波形式输出给 ECU。

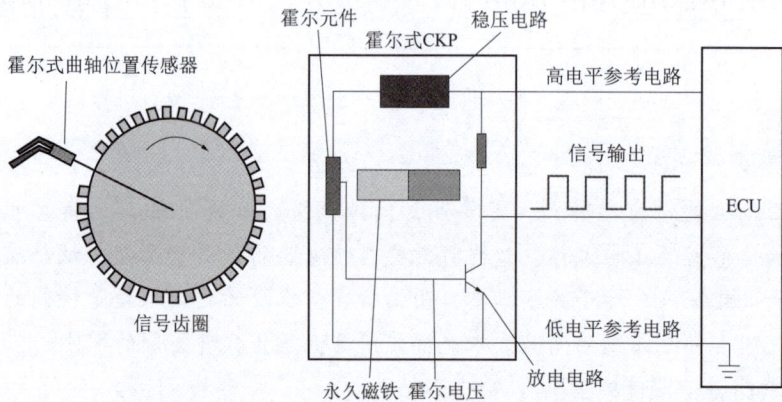

图 4-2-5　霍尔式曲轴位置传感器工作原理

吉利博越汽车发动机采用的是霍尔式曲轴位置传感器，其电路图如图 4-2-6 所示，其由 3 个端子与线束相连接，其中 EN38c/1 为传感器电源端子，EN38c/2 为传感器信号端子，EN38c/3 为传感器搭铁端子。

曲轴位置传感器

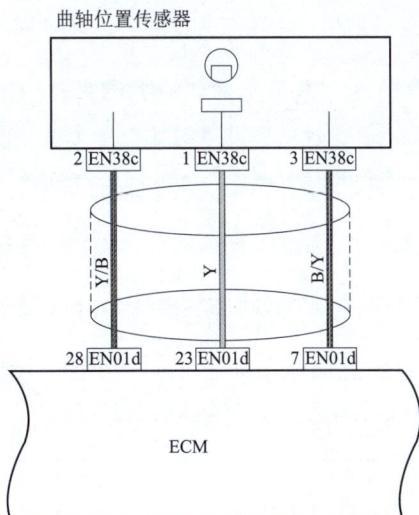

图 4-2-6 吉利博越汽车霍尔式曲轴位置传感器电路图

三、凸轮轴位置传感器

凸轮轴位置传感器的作用主要是检测凸轮轴位置和转角，从而确定第一缸活塞的压缩上止点位置。在起动发动机时，ECU 根据凸轮轴位置传感器和曲轴位置传感器提供的信号，识别出各个气缸活塞的位置和行程，精确控制燃油喷射顺序和喷射时刻、点火顺序和点火时刻。在有些车型上，如果没有凸轮轴位置传感器的输入，发动机将不能正常起动。

目前，随着可变气门正时（VVT）技术的出现和发展，凸轮轴位置传感器也被赋予了新的内涵，除了用于判定各缸活塞压缩上止点外，还用于监控 VVT 系统的进气或排气凸轮是否达到预定位置。

双可变气门正时（DVVT）系统的进、排气凸轮轴各有一个凸轮轴位置传感器，凸轮轴位置传感器通常是霍尔式的，它一般安装在气门室盖后部，传感器头部对应凸轮轴尾部的信号转子，如图 4-2-7 所示。霍尔式凸轮轴位置传感器的工作原理与霍尔式曲轴位置传感器相似，其输出信号波形如图 4-2-8 所示。

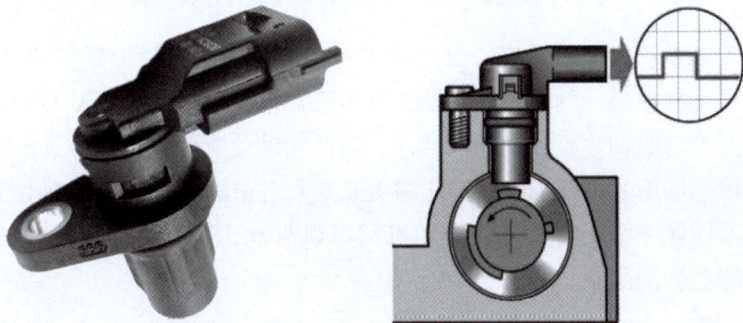

图 4-2-7 凸轮轴位置传感器

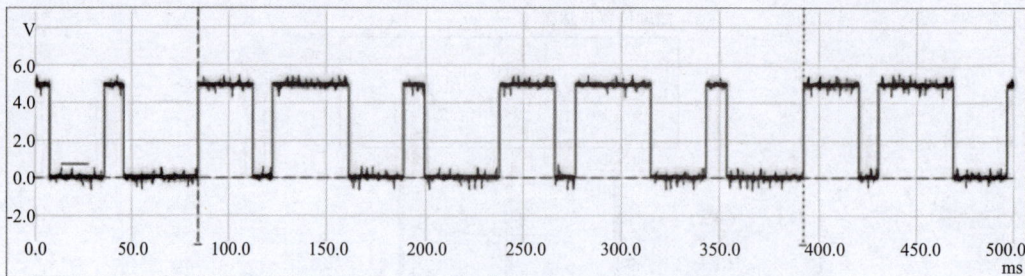

图 4-2-8　凸轮轴位置传感器输出信号波形

　　吉利博越汽车凸轮轴位置传感器电路如图 4-2-9 所示，其中 1#端子为传感器电源端子，3#端子为传感器信号端子，2#端子为传感器搭铁端子。

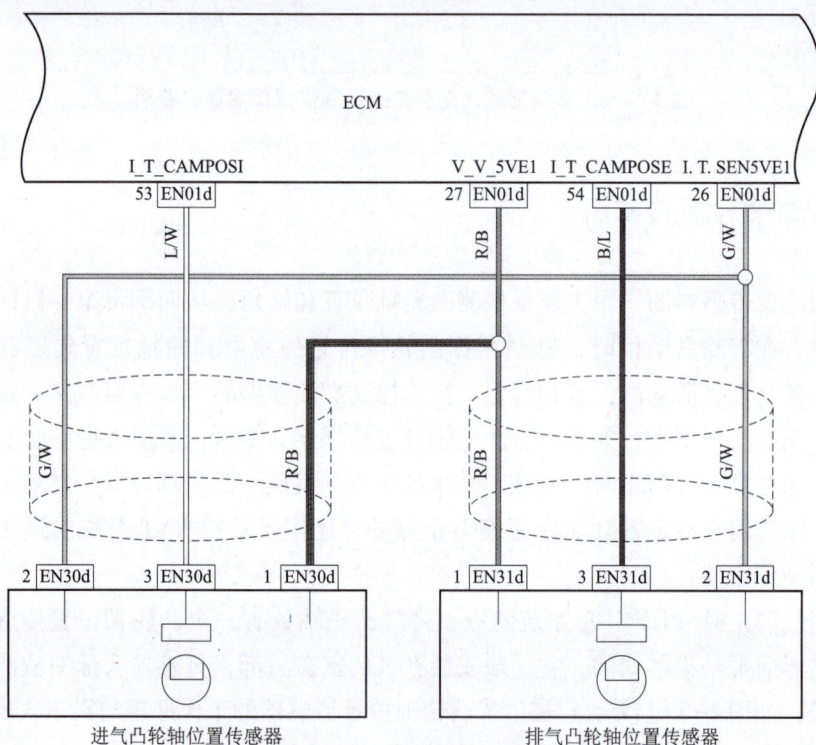

图 4-2-9　吉利博越汽车凸轮轴位置传感器电路

　　对于现代汽车发动机控制系统，当曲轴位置传感器或凸轮轴位置传感器发生故障时，其信号有时可以互相替换。例如，当曲轴位置传感器信号丢失时，ECU 可以利用凸轮轴位置传感器信号推算出曲轴位置和发动机转速；当凸轮轴位置传感器信号丢失时，ECU 可以利用曲轴位置传感器信号判断 1 缸活塞压缩上止点和各缸活塞位置。曲轴位置传感器与凸轮轴位置传感器任何一个正常工作，发动机都可以起动，但是 ECU 会进入故障模式，发动机的某些功能会受到限制。

任务实施 🎧

本任务以吉利博越汽车为例，在车上预设曲轴位置传感器和凸轮轴位置传感器的故障，要求学生利用所学知识进行检修，并排除相关故障。

<table>
<tr><td colspan="8" align="center">任务4.2　曲轴位置传感器和凸轮轴位置传感器及控制电路的检修</td></tr>
<tr><td colspan="2">姓名：</td><td>班级：</td><td colspan="2">学号：</td><td colspan="3">日期：</td></tr>
<tr><td rowspan="4" align="center">准备工作</td><td colspan="7">车辆信息</td></tr>
<tr><td colspan="2">品牌：</td><td>整车型号：</td><td colspan="2">车辆识别代码：</td><td colspan="2">发动机型号：</td></tr>
<tr><td colspan="7">检测工具耗材准备：</td></tr>
<tr><td colspan="7">制订检修计划及组员分工：</td></tr>
<tr><td rowspan="11" align="center">检修过程</td><td colspan="3">第一步：曲轴位置传感器外观的检查</td><td colspan="4">□正常　□异常_____</td></tr>
<tr><td rowspan="4"></td><td>元件端子</td><td>ECM 端子</td><td colspan="2">功能</td><td colspan="2">导线颜色</td></tr>
<tr><td></td><td></td><td colspan="2"></td><td colspan="2"></td></tr>
<tr><td></td><td></td><td colspan="2"></td><td colspan="2"></td></tr>
<tr><td></td><td></td><td colspan="2"></td><td colspan="2"></td></tr>
<tr><td colspan="7">第二步：曲轴位置传感器搭铁电路的检测</td></tr>
<tr><td>检测端子</td><td>检测条件</td><td>标准值</td><td colspan="2">测量值</td><td colspan="2">结果分析</td></tr>
<tr><td></td><td></td><td></td><td colspan="2"></td><td colspan="2">□正常　□异常</td></tr>
<tr><td colspan="7">第三步：曲轴位置传感器供电电路的检测</td></tr>
<tr><td>检测端子</td><td>检测条件</td><td>标准值</td><td colspan="2">测量值</td><td colspan="2">结果分析</td></tr>
<tr><td></td><td></td><td></td><td colspan="2"></td><td colspan="2">□正常　□异常</td></tr>
</table>

第四步：曲轴位置传感器信号电路的检测

检测端子	检测条件	标准值	测量值	结果分析
				□正常　□异常

第五步：曲轴位置传感器信号波形的检测

检测端子	检测条件	正表笔连接	负表笔连接	结果分析
				□正常　□异常

标准波形	检测波形

检修过程

第六步：凸轮轴位置传感器外观的检查　　□正常　□异常_____

元件端子	ECM 端子	功能	导线颜色

第七步：凸轮轴位置传感器搭铁电路的检测

检测端子	检测条件	标准值	测量值	结果分析
				□正常　□异常

第八步：凸轮轴位置传感器供电电路的检测

检测端子	检测条件	标准值	测量值	结果分析
				□正常　□异常

第九步：凸轮轴位置传感器信号电路的检测

检测端子	检测条件	标准值	测量值	结果分析
				□正常　□异常

第十步：凸轮轴位置传感器信号波形的检测

检测端子	检测条件	正表笔连接	负表笔连接	结果分析
				□正常　□异常

标准波形	检测波形

检修过程	第九步：故障结论和分析	
	元件损坏名称：	维修建议：□更换　□维修　□调整
	线路故障区间：	维修建议：□更换　□维修　□调整
	其他：	

检验与评估

曲轴位置传感器和凸轮轴位置传感器及控制电路的检修评价表

姓名：		班级：		学号：	
自评：□合格　□不合格				师评：□合格　□不合格	
互评：□合格　□不合格				日期：	

曲轴位置传感器和凸轮轴位置传感器及控制电路的检修评分细则

序号	评分项	得分条件	分值	评分要求	自评	互评	师评
1	专业知识	□1. 能描述曲轴位置传感器的作用 □2. 能描述曲轴位置传感器的安装位置和类型 □3. 能描述磁脉冲式曲轴位置传感器的结构及工作原理 □4. 能描述霍尔式曲轴位置传感器的结构及工作原理 □5. 能描述磁阻式曲轴位置传感器的结构及工作原理 □6. 能描述凸轮轴位置传感器的功用及安装位置 □7. 能描述凸轮轴位置传感器的工作原理及工作过程	40	未完成 1 项扣 6 分，扣分不得超过 40 分			
2	专业技能能力	□1. 车辆安全防护、基本信息登记 □2. 车辆油、水、电的基本检查 □3. 曲轴位置传感器外观的检查 □4. 曲轴位置传感器搭铁电路的检测 □5. 曲轴位置传感器供电电路的检测 □6. 曲轴位置传感器信号电路的检测 □7. 曲轴位置传感器控制信号的检测 □8. 凸轮轴位置传感器外观的检查 □9. 凸轮轴位置传感器搭铁电路的检测 □10. 凸轮轴位置传感器供电电路的检测 □11. 凸轮轴位置传感器信号电路的检测 □12. 能正确使用维修工具	50	未完成 1 项扣 5 分，扣分不得超过 50 分			

序号	评分项	得分条件	分值	评分要求	自评	互评	师评
		□13. 能正确使用万用表 □14. 能正确使用诊断仪器					
3	安全与素养	□1. 能积极主动参与学习 □2. 能与小组成员分工合作，不影响学习进度 □3. 能独立查阅资料 □4. 能独立规范操作 □5. 能进行工位 7S 操作 □6. 能进行设备和工具安全检查 □7. 能进行车辆安全防护操作 □8. 能进行工具清洁、校准、存放操作 □9. 能进行三不落地操作	10	未完成 1 项扣 2 分，扣分不得超过 10 分			
合计			100				

任务 4.3　爆燃传感器及控制电路的检修

任务导入

有一辆吉利博越汽车发动机怠速时抖动，加速时动力不足，在大负荷时症状尤为明显。维修技师判断该故障多为发动机单缸或多缸工作不良，有可能是爆燃控制修正故障，请你对该车的爆燃传感器进行检查，并排除相关故障。

任务目标

※**知识目标**

1. 能熟练描述点火提前角与爆燃控制的相关概念。

2. 能准确描述爆燃传感器的工作原理。

※**能力目标**

1. 能通过与客户交流、查阅相关维修技术资料等方式获取车辆信息，正确确认故障现象。

2. 能就车找到爆燃传感器并进行外观检查，排除物理故障。

3. 能查阅维修资料，能看懂点火线圈电路原理图与电路图，能正确制订维修计划。

4. 能对爆燃传感器电路和器件进行检测，测试并正确记录、分析各种检测结果（信号电压、波形等），做出故障判断。

5. 能对爆燃传感器进行维修更换作业，并能对发动机进行测试、检查及评估修复质量。

※**素养目标**

1. 培养爱岗敬业、精益求精的工匠精神。

2. 具有良好的沟通能力和团队协作能力。

3. 具有强烈的责任心和社会责任感，能根据环保要求，正确处理对环境和人体有害的辅料、废气、废液和已损坏的零部件。

相关知识

一、爆燃控制概述

爆燃是发动机一种不正常的工作状态，泛指发动机气缸由于非正常点火造成的突发的、长时间的振动和敲缸异响。爆燃会削弱发动机的输出功率，导致冷却液过热、功率下降和油耗上升等。

知识链接：

1）汽油发动机，当混合气（空气与燃油充分的混合）通过进气行程进入燃烧室后，活塞在压缩行程时便将其压缩，火花塞将高压混合气点燃后，其燃烧所产生的压力则转换成发动机运转的动力。

2）混合气在燃烧室内燃烧，其火焰是由火焰中心以"波"的方式从中间向四周扩散的，所以从点火到油气完全燃烧需要一段短暂的时间。

3）油气虽然需要靠火花塞点燃，但是过于高温、高压的环境也会使油气自燃。

发动机爆燃的危害包括：加速机件的损坏，发动机过热、积炭多，发动机功率下降、油耗上升等。如果在高转速、高负荷状态下发生连续且严重的爆燃，不超 1 min，轻则导致火花塞及活塞熔损，严重的甚至会导致气缸及发动机本体被炸穿。

二、发生爆燃的原因

1. 点火提前角过大

为了使活塞在压缩上止点结束后，一进入做功行程就能立即获得动力，通常都会在活塞达到上止点前提前点火（因为从点火到完全燃烧需要一段时间）。而过早的点火会使得活塞还在压缩行程时，大部分油气已经燃烧，此时未燃烧的油气会承受极大的压力自燃，而造成爆燃。

2. 发动机过度积炭

发动机于燃烧室内过度积炭，除了会使压缩比增大（产生高压）外，也会在积炭表面产生高温热点，使发动机爆燃。

3. 发动机温度过高

发动机在太热的环境工作会使得进气温度过高，或是发动机冷却水循环不良，这些均会造成发动机高温而爆燃。

4. 空燃比不正确

空燃比异常，混合气过稀，会使得火焰传播速度和燃烧速率下降，易形成"回火"现象。这种气体燃烧产生的机械功相对较少，但是通过缸壁传递给冷却液和散热器的热量相对增加，所以易导致发动机过热，易发生爆燃而导致输出功率下降。

5. 汽油辛烷值过低

辛烷值是汽油抗爆燃的指标，辛烷值越高，抗爆燃性越强。压缩比高的发动机，燃烧室的压力较高，若是使用抗爆燃性低的燃油，则容易发生爆燃。

在汽油辛烷值正常的情况下，发动机的爆燃往往是由于点火提前角过大（或者过早点火）而导致的，所以对点火提前角进行控制是预防发动机发生爆燃的措施之一。

三、爆燃控制系统的工作原理

发动机在工作时，由于其他因素导致气缸体产生机械振动是不可能避免的，为了准确地识别气缸体的振动是由发动机爆燃所致，在 ECU 控制电路中设有爆燃识别电路（见图 4-3-1），用以识别和确定发动机是否发生了爆燃。

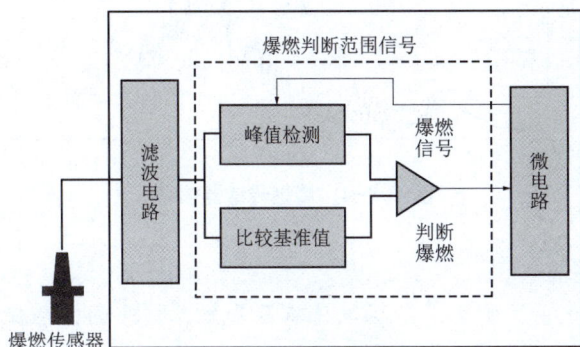

图 4-3-1 爆燃识别电路

爆燃控制系统实际上是在电子控制点火系统中增加了爆燃传感器（见图 4-3-2），ECU 根据爆燃传感器的信号对点火提前角实行反馈控制。

爆燃传感器一般安装在发动机气缸体上，可以安装一个，也可以安装多个，如图 4-3-3 所示。以四缸发动机为例，常见的安装形式有：在第 2 缸和第 3 缸之间装一个，或者在第 1 缸和第 2 缸之间装一个，然后再在第 3 缸和第 4 缸之间装一个，一共有两个传感器。

图 4-3-2 爆燃传感器

图 4-3-3 爆燃传感器实车安装位置

安装在气缸体上的爆燃传感器可检测到发动机不同频率范围内的机械振动，发生爆燃时，传感器产生的电压信号有较大的振幅，如图 4-3-4 所示。

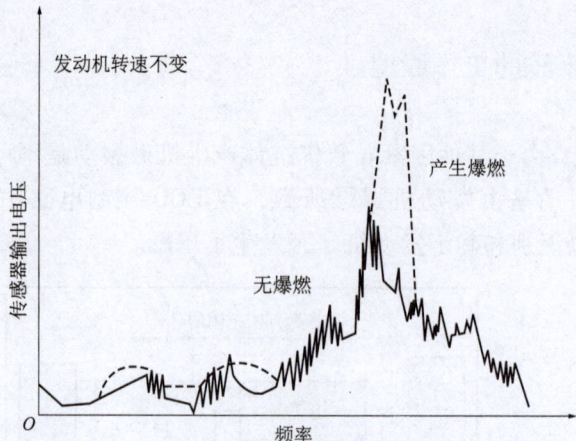

图 4-3-4　爆燃传感器信号

注意事项

安装爆燃传感器之前，需要清洁爆燃传感器和缸体接合面，确保没有油泥等污染物。在安装过程中，需要按照维修手册规定力矩标准拧紧螺栓，否则可能导致发动机电控单元无法正确采集爆燃传感器的信号。

爆燃传感器的主要作用是检测发动机在运行过程中是否发生爆燃，并把爆燃信号传递给发动机 ECU，ECU 根据此信号发出指令，控制点火线圈初级电路的通断，调整点火时刻，防止爆燃的发生，其工作流程如图 4-3-5 所示。

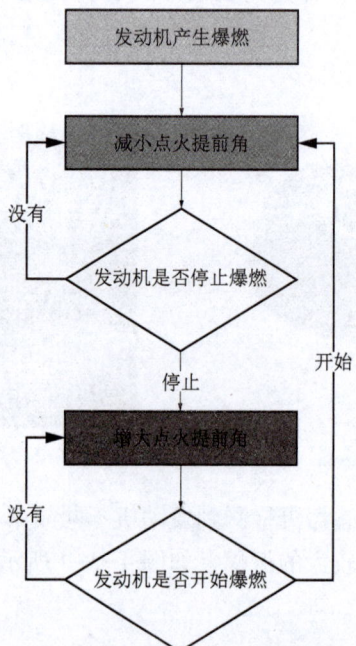

图 4-3-5　爆燃传感器工作流程

爆燃传感器向 ECU 输送信号，首先需经过滤波电路进行过滤，即只允许特定频率范

围的爆燃信号通过滤波电路；再将滤波后的信号峰值电压与爆燃强度基准值进行比较，若其值大于爆燃强度基准值，则控制系统可由此判定发动机发生了爆燃。

当 ECU 判定发动机出现爆燃后，会将点火提前角推迟，推迟的方法有以下三种。

1）当判定爆燃发生时，慢慢地推迟点火提前角，直到爆燃消除，如图 4-3-6（a）所示。这种方法在每一次点火时都会进行一次爆燃程度的判定，因此在发生爆燃的下次燃烧中，如判定发动机仍发生爆燃，就推迟点火提前角。这种方法会使爆燃持续时间长且消失慢。

2）一收到爆燃判定信号，大幅度推迟点火，然后慢慢地恢复到原来的点火时刻，如图 4-3-6（b）所示。这种方法可以立即制止爆燃，但点火时间复原较慢，在此期间将会影响到发动机的最佳工作性能。

3）当判定爆燃发生时，大幅度推迟点火，而且快速复原，如图 4-3-6（c）所示。这种方法也可立即制止爆燃，且对发动机工作性能无太大影响，但因点火时刻变动大，故将使输出转矩稍有波动。

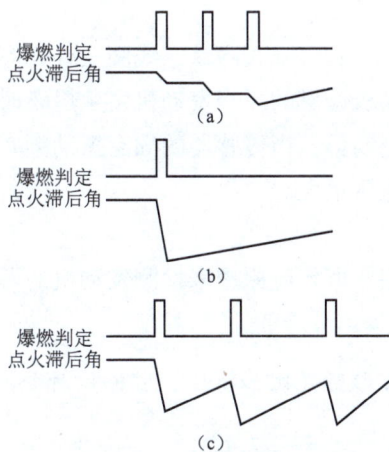

爆燃判定
点火滞后角
(a)

爆燃判定
点火滞后角
(b)

爆燃判定
点火滞后角
(c)

图 4-3-6 点火时刻的推迟方法

综上所述，减小点火提前角是消除爆燃的有效手段。然而，为了发挥发动机的最佳工作性能，应在不发生爆燃的前提下尽可能地加大点火提前角，这不仅可以避免爆燃的发生，而且还能进一步提高发动机的工作性能。

如图 4-3-7 所示，ECU 根据爆燃信号超过基准值的次数来判定爆燃强度，次数越多，爆燃强度越大，反之爆燃强度就越小。

四、爆燃传感器

爆燃传感器是爆燃控制系统的主要元件，其功能是检测发动机有无爆燃发生及爆燃强度大小。爆燃传感器有电感式和压电式两种类型。压电式爆燃传感器又分为共振型、非共振型两种。

点火信号　　点火

爆燃识别区

爆燃确定基准

传感器输出的信号

强度
大

爆燃强度确定曲线

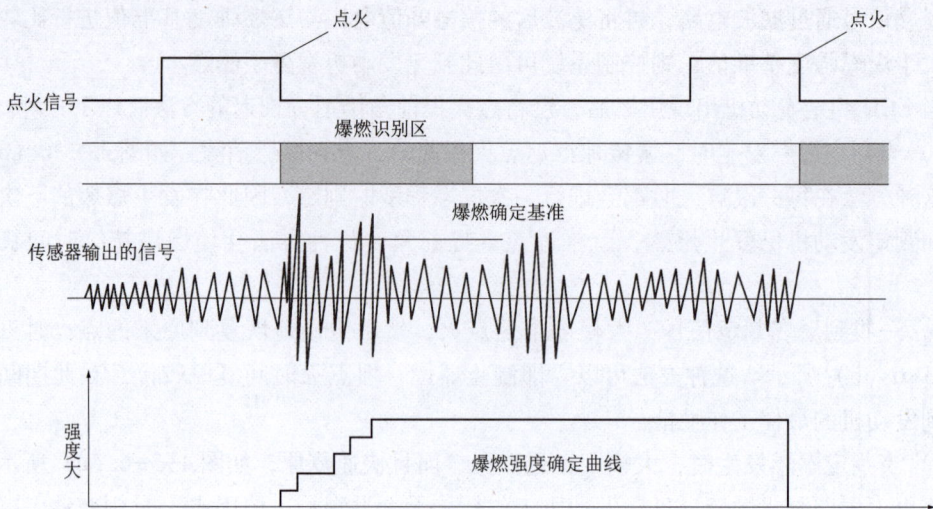

图 4-3-7　爆燃强度的确定

1. 电感式爆燃传感器

电感式爆燃传感器主要由铁芯、永久磁铁、线圈及外壳等组成。电感式爆燃传感器是利用电磁感应原理来检测发动机爆燃的。当发动机发生爆燃时，铁芯受振动而使线圈磁通量发生变化，从而产生感应电动势。当传感器的固有振动频率与发动机爆燃时的振动频率相同时，传感器输出的信号电压最大。

2. 压电式爆燃传感器

压电式爆燃传感器是利用压电效应原理来检测发动机的爆燃的。

知识链接——压电效应

对于压电元件，当因受力形变（比如挤压、碰撞）时会产生电，这种现象称为正压电效应。

（1）压电式共振型爆燃传感器

压电式共振型爆燃传感器主要由压电元件、振子、基座、壳体等组成，如图 4-3-8 所示。压电元件紧贴在振子上，振子则固定在基座上。压电元件的功用是检测振子的振动压力，并将其转换成电信号输送给 ECU，其输出信号与电感式爆燃传感器相似。

当发动机发生爆燃时，振子与发动机共振，压电元件输出的信号电压会明显增大，易于测量。但是，共振型爆燃传感器振子的固有频率与发动机爆燃时产生的振动频率一致，即必须与发动机配套使用，所以其通用性较差。

（2）压电式非共振型爆燃传感器

压电式非共振型爆燃传感器由压电元件、惯性配重块、线束插座及壳体等组成，如图 4-3-9 所示。它与共振型爆燃传感器相比，其内无振子，但设置了一个配重块，配重块以一定预应力压在压电元件上。它是以接收加速度信号的形式来检测爆燃的。

当发动机发生爆燃时，安装在发动机缸体上的爆燃传感器内部配重块因受振动的影响而产生加速度。因此，压电元件受到惯性力的作用而产生电压信号，并被送至发动机 ECU。

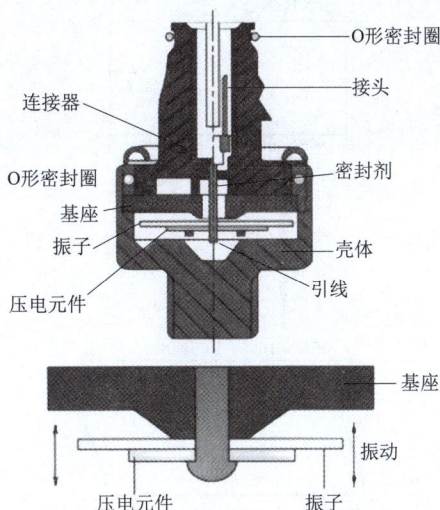

图 4-3-8　压电式共振型爆燃传感器

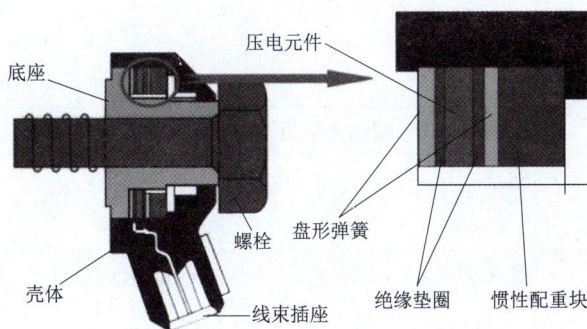

图 4-3-9　压电式非共振型爆燃传感器

压电式非共振型爆燃传感器在发生爆燃与未发生爆燃时输出的信号电压没有明显增加，因此需要在 ECU 中增加爆燃识别电路进行爆燃的识别。如果调整滤波器的频率范围，则这种传感器即可用于不同的发动机上，所以压电式非共振型爆燃传感器的通用性比较好。

（3）爆燃传感器信号中断的影响

发动机控制单元根据爆燃传感器信号来调节发动机爆燃气缸的点火角，直到不再出现爆燃。

当某个爆燃传感器信号发生中断时，发动机控制单元将相应气缸组的点火角减小至一个安全点火角，这可能会导致发动机燃料消耗升高，但爆燃传感器正常的那个气缸组的爆燃调节仍能正常工作。

3. 爆燃传感器的检修

吉利博越汽车发动机装有 1 个爆燃传感器，有 2 根导线和 ECM 相连，电路图如图 4-3-10 所示，其中 EN40d/1 为传感器信号端子，EN40d/2 为传感器搭铁端子。

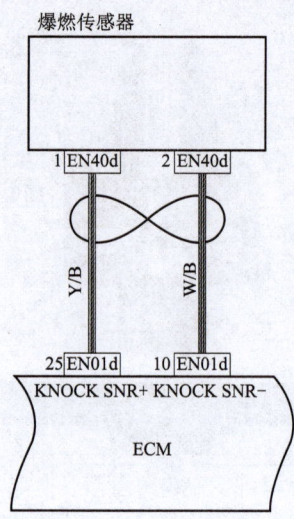

爆燃传感器

1 EN40d　　2 EN40d

Y/B　　W/B

25 EN01d　　10 EN01d
KNOCK SNR+ KNOCK SNR−

ECM

图 4-3-10　吉利博越汽车爆燃传感器电路图

任务实施

任务 4.3　爆燃传感器及控制电路的检修

<table>
<tr><td colspan="5">姓名：　　　　　班级：　　　　　学号：　　　　　日期：</td></tr>
</table>

准备工作	车辆信息			
	品牌：	整车型号：	车辆识别代码：	发动机型号：
	检测工具耗材准备：			
	制订检修计划及组员分工：			

检修过程	第一步：爆燃传感器外观的检查		□正常　□异常_____		
		元件端子	ECM 端子	功能	导线颜色
	第二步：爆燃传感器搭铁电路的检测				
	检测端子	检测条件	标准值	测量值	结果分析
					□正常　□异常

<table>
<tr><td rowspan="17">检
修
过
程</td><td colspan="6">第三步：爆燃传感器信号电路的检测</td></tr>
<tr><td>检测端子</td><td>检测条件</td><td>标准值</td><td colspan="2">测量值</td><td>结果分析</td></tr>
<tr><td></td><td></td><td></td><td colspan="2"></td><td>□正常　□异常</td></tr>
<tr><td colspan="6">第四步：爆燃传感器控制信号波形的检测</td></tr>
<tr><td>检测端子</td><td>检测条件</td><td colspan="2">正表笔连接</td><td>负表笔连接</td><td>结果分析</td></tr>
<tr><td></td><td></td><td colspan="2"></td><td></td><td>□正常　□异常</td></tr>
<tr><td colspan="3">标准波形</td><td colspan="3">检测波形</td></tr>
<tr><td colspan="3"></td><td colspan="3"></td></tr>
<tr><td colspan="3"></td><td colspan="3"></td></tr>
<tr><td colspan="3"></td><td colspan="3"></td></tr>
<tr><td colspan="3"></td><td colspan="3"></td></tr>
<tr><td colspan="3"></td><td colspan="3"></td></tr>
<tr><td colspan="6">第五步：故障结论和分析</td></tr>
<tr><td colspan="3">元件损坏名称：</td><td colspan="3">维修建议：□更换　□维修　□调整</td></tr>
<tr><td colspan="3">线路故障区间：</td><td colspan="3">维修建议：□更换　□维修　□调整</td></tr>
<tr><td colspan="3">其他：</td><td colspan="3"></td></tr>
</table>

检验与评估

<table>
<tr><td colspan="6" align="center">爆燃传感器及控制电路的检修评价表</td></tr>
<tr><td colspan="2">姓名：</td><td colspan="2">班级：</td><td colspan="2">学号：</td></tr>
<tr><td colspan="3">自评：□合格　□不合格</td><td colspan="3">师评：□合格　□不合格</td></tr>
<tr><td colspan="3">互评：□合格　□不合格</td><td colspan="3">日期：</td></tr>
<tr><td colspan="6" align="center">爆燃传感器及控制电路的检修评分细则</td></tr>
<tr><td>序号</td><td>评分项</td><td>得分条件</td><td>分值</td><td>评分要求</td><td>自评</td><td>互评</td><td>师评</td></tr>
<tr><td>1</td><td>专业知识</td><td>□1. 能描述爆燃产生的原因和危害
□2. 能描述发生爆燃的原因
□3. 能描述爆燃控制系统的工作原理
□4. 能描述爆燃传感器的作用
□5. 能描述爆燃传感器的类型及安装位置
□6. 能描述爆燃传感器的结构和工作原理
□7. 能描述爆燃传感器信号中断的影响</td><td>40</td><td>未完成 1 项扣 6 分，扣分不得超过 40 分</td><td></td><td></td><td></td></tr>
</table>

序号	评分项	得分条件	分值	评分要求	自评	互评	师评
2	专业技能能力	□1. 车辆安全防护、基本信息登记 □2. 车辆油、水、电的基本检查 □3. 爆燃传感器外观的检查 □4. 爆燃传感器搭铁电路的检测 □5. 爆燃传感器信号电路的检测 □6. 能正确使用维修工具 □7. 能正确使用万用表 □8. 能正确使用诊断仪器	50	未完成1项扣7分，扣分不得超过50分			
3	安全与素养	□1. 能积极主动参与学习 □2. 能与小组成员分工合作，不影响学习进度 □3. 能独立查阅资料 □4. 能独立规范操作 □5. 能进行工位7S操作 □6. 能进行设备和工具安全检查 □7. 能进行车辆安全防护操作 □8. 能进行工具清洁、校准、存放操作 □9. 能进行三不落地操作	10	未完成1项扣2分，扣分不得超过10分			
	合计		100				

练习与思考

一、选择题

1. 在（　　　）工况下将点火时间固定在一定值。

A. 怠速　　　　　　　B. 起动　　　　　　　C. 加速　　　　　　　D. 暖车

2. 点火时间修正控制不包括（　　　）。

A. 低温修正　　　　　　　　　　　B. 暖机修正

C. 起动修正　　　　　　　　　　　D. 爆燃修正

3. 怠速稳定修正时，最大点火时间修正值为（　　　）。

A. ±5°　　　　　　　B. ±10°　　　　　　　C. ±15°　　　　　　　D. ±20°

4. 下列不属于电控点火系统输入信号的部件是（　　　）。

A. 空气流量传感器　　B. 进气温度传感器　　C. 节气门位置传感器　D. 点火线圈

5. 在电控点火系统中，用于产生高压的部件是（　　　）。

A. ECU　　　　　　　B. 火花塞　　　　　　C. 高压线　　　　　　D. 点火线圈

6. ECU根据（　　　）信号对点火提前角实行反馈控制。

A. 水温传感器　　　　B. 曲轴位置传感器　　C. 爆燃传感器　　　　D. 车速传感器

7. Ne 信号指发动机（　　）信号。

A. 凸轮轴转角 　　　B. 车速传感器 　　　C. 曲轴转角 　　　D. 空调开关

8. 起动时点火提前角是固定的，一般为（　　）左右。

A. 15° 　　　　　　B. 10° 　　　　　　C. 30° 　　　　　　D. 20°

二、填空题

1. _____是电控点火系统实现点火时刻闭环控制的重要元件。

2. _____的作用是将点火线圈产生的高压电，按照发动机的工作顺序送至各缸火花塞；_____的作用是产生脉冲信号，送给点火控制器，由点火控制器控制一次电路的通断。

3. 最佳点火提前角的数值需要根据_____、_____、_____和可燃混合气浓度等很多因素而定。

4. 点火时间控制可分为_____和_____两个阶段。

5. 曲轴位置传感器主要用于检测发动机的_____、_____及_____，是反映发动机负荷的重要参数，也是实施喷油和点火的主控信号。

6. 曲轴位置传感器可分为_____、_____及_____等，在现有吉利车型中，_____式曲轴位置传感器使用的比较多。

7. ECU 根据_____的信号计算发动机转速，并根据基准标记对应的交流信号计算曲轴位置，然后确定最佳的_____和_____时刻。

8. 磁阻效应是指半导体材料的电阻值随磁场强度变化的规律，即_____增大、_____增大，_____减小、_____减小，以实现电磁转换。

9. ECU 根据_____和_____提供的信号，识别出各个气缸活塞的位置和行程，精确控制燃油喷射顺序和喷射时刻、点火顺序和点火时刻。

10. _____高的发动机，燃烧室的压力较高，若是使用抗爆燃性低的燃油，则容易发生_____。

三、简答题

1. 简述电控点火系统的作用、类型和组成。

2. 简述电控点火系统的工作原理。

3. 简述电控点火系统故障的诊断方法。

4. 发动机爆燃产生的原因是什么？

5. 发动机控制单元是如何利用爆燃传感器对爆燃进行反馈控制的？

项目 5　汽车发动机排放控制系统的检修

项目描述

有一辆吉利博越汽车发动机怠速不稳，发动机故障灯异常点亮，入厂进行检修发现，排放超标，请你对该车的排放控制系统进行全面检查，并排除此故障。

项目解析

发动机排放控制系统是发动机电控辅助控制系统，但在环保日益要求严格的今天，掌握该系统的检测非常重要。要排除此系统的故障，首先必须了解汽车排放污染物的种类及产生原因，掌握电控汽油发动机排放控制系统的类型及工作原理，掌握燃油蒸发控制系统、三元催化转化器及氧传感器、尾气检测与分析等技能。在排除故障时，应对相关系统进行检测。

任务 5.1 燃油蒸发控制系统及曲轴箱通风系统的检修

任务导入 🎧

有一辆吉利博越汽车发动机怠速不稳，发动机故障灯异常点亮。维修技师判断该故障可能在燃油蒸发控制系统中，请你对该车的燃油蒸发控制系统进行全面检查，并排除此故障。

任务目标 🎧

※知识目标
1. 能描述燃油蒸发控制系统的类型、工作原理和各标准参数。
2. 能描述曲轴箱通风系统的工作原理和类型，并就车找到曲轴箱通风系统各部件。
3. 能描述废气再循环系统的功用、结构及工作过程。
4. 能描述二次空气喷射系统的功用、结构及工作过程。
5. 能描述汽油颗粒捕捉系统的功用、结构及工作原理。

※能力目标
1. 能通过与客户交流、查阅相关维修技术资料等方式获取车辆信息。
2. 能就车找到炭罐电磁阀，并对类型进行判断，能看懂原理图与电路图。
3. 能对炭罐电磁阀进行检测，并正确记录、分析检测结果，做出故障判断。
4. 能对燃油蒸发控制系统与曲轴箱通风系统元件进行维修更换作业，并能对发动机进行测试、检查及评估修复质量。

※素养目标
1. 具备独立进行资料信息查询的能力。
2. 具备一定的展示、分享的能力。
3. 具备一定的比较、分析、判断的能力。
4. 养成严谨的工作态度。

相关知识 🎧

汽车排放污染主要来源于发动机排出的废气（约占 65% 以上）、曲轴箱

窜气（约占20%，主要为 HC 和 CO）和燃料供给系统中蒸发的燃油蒸气（占10%~20%，主要为 HC）。汽油机的主要排放污染物是一氧化碳（CO）、碳氢化合物（HC）和氮氧化合物（NO_x），柴油机的主要排放污染物是碳氢化合物（HC）、氮氧化合物（NO_x）和碳烟。

近年来，在汽车上装用了多种排放控制系统，主要包括曲轴箱强制通风系统、燃油蒸发控制系统、废气再循环系统、三元催化转换系统、二次空气供给系统和汽油颗粒捕捉系统等。

一、燃油蒸发控制系统

燃油蒸发控制（Evaporative Emission Control，EVAP）系统的功用是将燃油蒸气从燃油箱导入炭罐，以便在发动机不运行时储存燃油蒸气。当发动机达到一定运行条件时，炭罐中的燃油蒸气被吸入发动机进气歧管并进入气缸燃烧。EVAP 系统能保证燃油蒸气不会被排放到大气中产生污染，又能充分利用燃油蒸气，节约能源。

1. 燃油蒸发控制系统的组成

燃油蒸发控制系统主要由燃油箱、活性炭罐、炭罐排气阀、炭罐控制电磁阀、燃油蒸气管管路及传感器等部件组成，如图 5-1-1 所示。

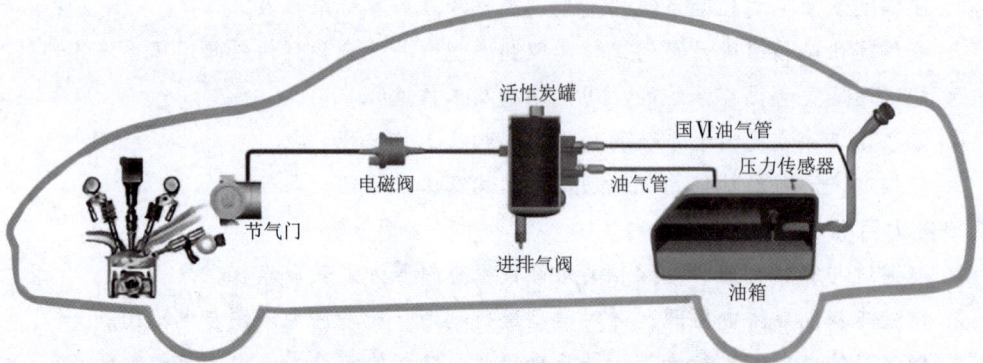

图 5-1-1　燃油蒸发控制系统（EVAP）的组成

（1）活性炭罐

活性炭罐是用于吸附和储存燃油蒸气的装置，它通常由活性炭组成，具有较大的表面积和吸附能力。当燃油蒸气从燃油箱进入炭罐时，活性炭会吸附燃油蒸气，防止其进入大气中；当发动机运行时，活性炭会释放吸附的燃油蒸气，以供发动机燃烧。

（2）炭罐控制电磁阀

炭罐控制电磁阀安装在活性炭罐和进气歧管之间，根据发动机的不同工况，在 ECU 的控制下，接通或者断开活性炭上吸附的燃油蒸气进入发动机进气歧管的通道。

2. 燃油蒸发控制系统的工作原理

根据发动机的不同工况，ECU 通过改变输送给炭罐电磁阀电磁线圈的脉冲信号来改变阀的开度，如图 5-1-2 所示。

当发动机停机或怠速运转时，炭罐电磁阀关闭，汽油蒸气经单向阀进入活性炭罐，被

活性炭吸附。

当发动机工作时，ECU 根据发动机转速、温度、空气流量等信号进行判断，当发动机工况达到预设条件时，活性炭罐电磁阀打开，活性炭上吸附的汽油蒸气被吸入进气道，而空气进入活性炭罐，清洗活性炭，活性炭罐恢复吸附汽油蒸气的能力。

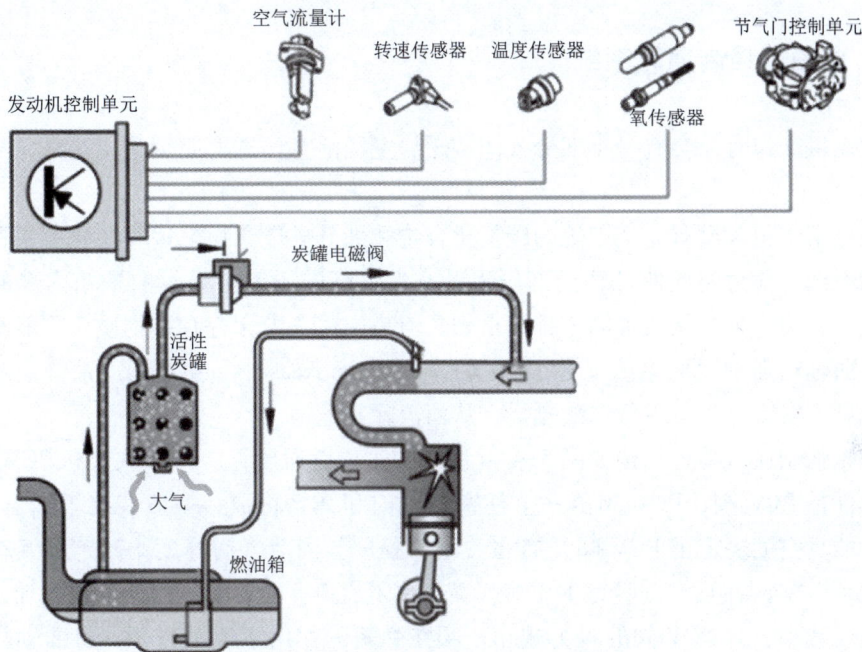

图 5-1-2　燃油蒸发控制系统的工作原理

3. 燃油蒸发控制系统电路

吉利博越汽车燃油蒸发控制系统电路如图 5-1-3 所示。炭罐电磁阀由发动机主继电器经 EF10 供电，由发动机控制单元提供搭铁控制，产生脉宽调制控制信号；炭罐排气阀由主继电器经 EF08 供电，由发动机控制单元提供搭铁控制信号。

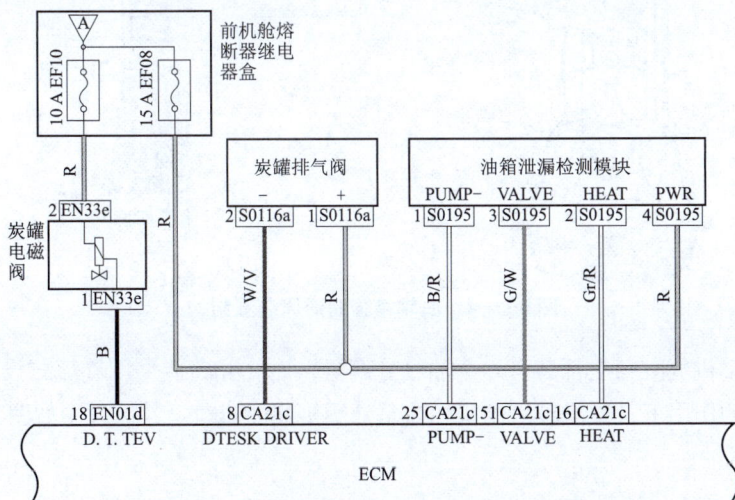

图 5-1-3　吉利博越汽车燃油蒸发控制系统电路

吉利博越汽车还装有燃油蒸发泄漏诊断系统，用于主动识别燃油系统泄漏。车辆停机5 h 后，燃油蒸发控制系统趋于稳定状态，ECM 通过控制油箱泄漏检测模块检测管路压力，确定燃油蒸发系统泄漏情况，当整个燃油蒸气管路泄漏孔直径大于 0.5 mm 时，点亮故障灯。

二、曲轴箱强制通风系统

在发动机工作时，会有一小部分气体从燃烧室经活塞环进入曲轴箱，这部分气体称为曲轴箱窜气。

曲轴箱窜气包含没有完全燃烧的碳氢化合物和部分燃烧产物，这些物质如果积累起来会污染润滑油并使封闭的曲轴箱内部压力升高，过高的压力会导致曲轴箱内部的油封漏油。因此，必须将窜气从曲轴箱中排放出来。但是，窜气中含有有害物质，不能直接排入大气中。曲轴箱强制通风系统又称 PCV（Positive Crankcase Ventilation）系统，可以将曲轴箱窜气导入发动机气缸进行二次燃烧，从而消除其危害。

曲轴箱强制通风装置结构如图 5-1-4 所示，主要由通风管、PCV 软管和 PCV 阀组成。其核心部件是 PCV 阀，PCV 阀由一个柱塞式阀门和弹簧构成，一般装在气缸盖的上部。进气歧管的真空度决定了 PCV 阀开启和关闭的程度。当节气门开度小时，进气歧管的真空度较大，PCV 阀在真空的吸力下压缩弹簧，关闭通道。随着节气门开度的增加，进气歧管的真空度减小，对 PCV 阀的吸力减小，阀在弹簧的作用下逐渐打开，将曲轴箱内的窜气吸入气缸再燃烧。

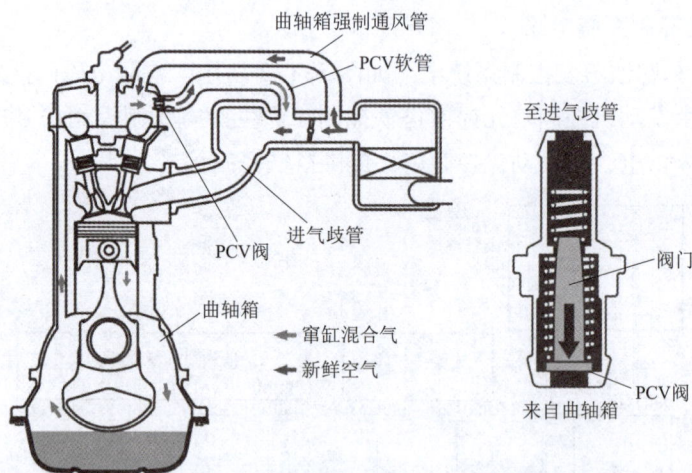

图 5-1-4　曲轴箱强制通风装置结构

一般在发动机气缸盖上都装有一个油气分离器，油气分离器采用旋流式设计，窜气在旋转气流离心力的作用下，质量较大的机油流至外围机油回流口，其原理图如图 5-1-5 所示。

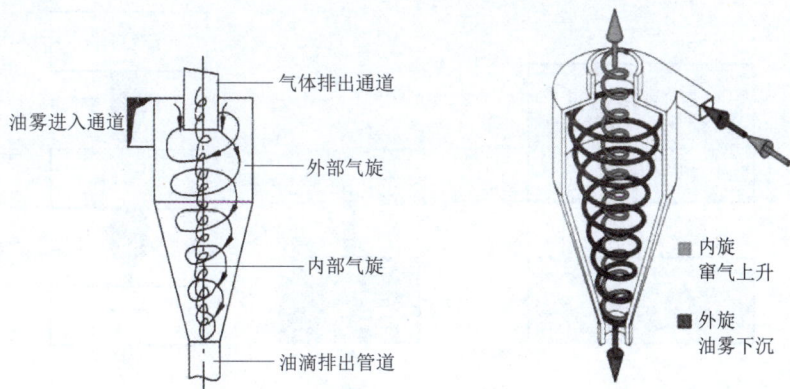

图 5-1-5 油气分离器原理图

三、废气再循环系统

发动机正常工作时，燃烧室的温度一般在 1 000℃以上，当温度接近 1 370℃时，燃烧室中的氧气与氮气在高温高压的条件下能够生成大量的 NO 和 NO_2。

废气再循环即 EGR（Exhaust Gas Recirculation），其原理是将一部分废气（通常体积分数小于 10%，过量的废气会影响发动机的正常工作）引入进气歧管，降低燃烧峰值温度，用以抑制发动机内 NO_x 的生成。其系统组成如图 5-1-6 所示。

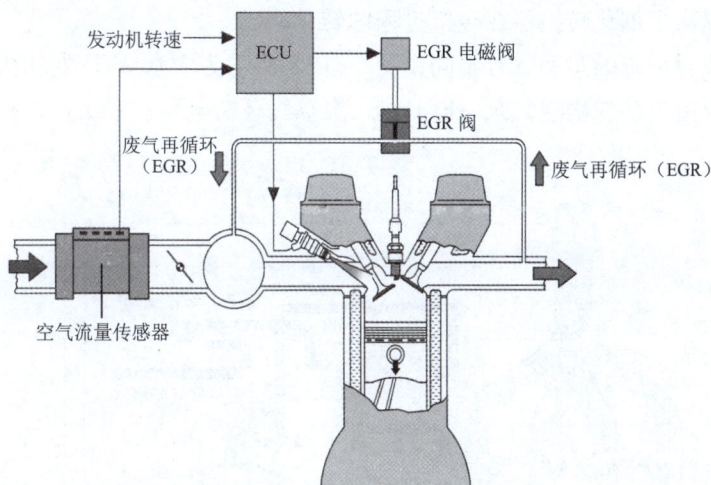

图 5-1-6 废气再循环系统组成

2. EGR 系统工作原理

发动机 EGR 系统控制原理如图 5-1-7 所示。传感器向 ECU 提供发动机的即时状态，ECU 根据这些信息计算各种工况下所需的废气循环率，以控制指令形式输出给 EGR 阀。当发动机处于中等负荷工况时，ECU 控制 EGR 阀开启，进入燃烧室的废气量占总量的 6%~10%。EGR 系统一般在起动、怠速、冷机、高温以及节气门全开时停止工作。

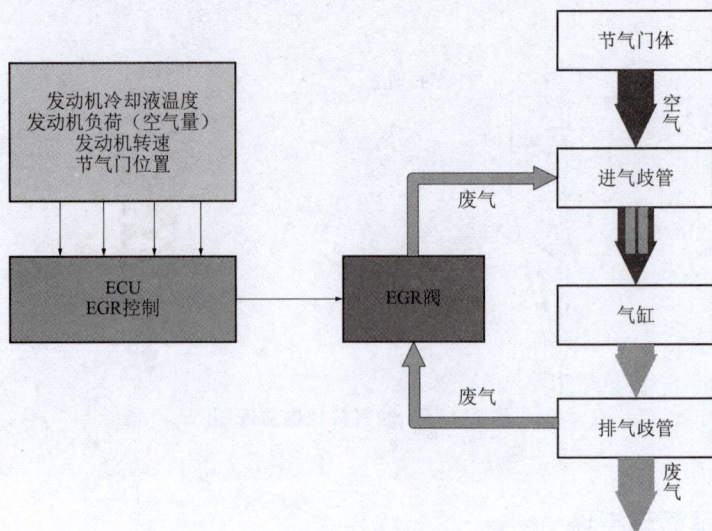

图 5-1-7　发动机 EGR 系统控制原理

四、二次空气喷射系统

将额外的空气直接喷到从燃烧室排出的气流中，以促进高温废气的二次燃烧，这样的系统即为二次空气喷射系统。二次空气喷射系统降低了 HC 和 CO 的排放，也加热了催化转换器，大大提高了催化转换器在暖机过程的转化率。

二次空气喷射系统因车型略有不同，图 5-1-8 所示为大众 ATU 发动机的二次空气喷射系统，其主要由电动二次空气泵、ECU、二次空气泵断电器、二次空气控制阀和组合阀等组成。

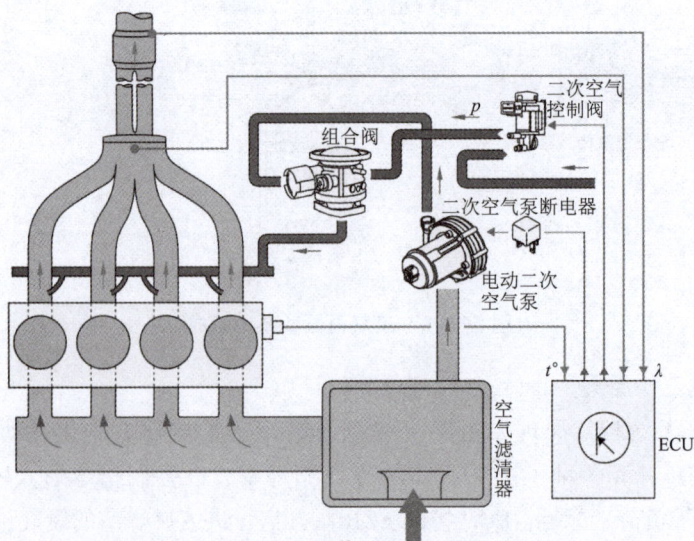

图 5-1-8　大众 ATU 发动机的二次空气喷射系统

当发动机冷机起动时，冷却液的温度传感器将信号输送给 ECU，当温度在低于规定值时，ECU 控制二次空气泵继电器接通，二次空气泵运转将空气加压送到组合阀，ECU 控制二次空气控制门开启，进气管真空控制组合阀开启，空气由二次空气泵、组合阀经管路进入排气出口中，高温排气遇到空气中的 O_2 进一步燃烧，降低排气中 HC 和 CO 的量。二次空气喷射系统只在冷起动时工作，且工作时间很短，工作时间长会烧坏三元催化转化器。

二次空气喷射系统性能由前氧传感器检测，在起动、暖机、怠速时，ECU 会激活二次空气喷射系统工作 10 s，如果氧传感器检测到混合气变稀，则说明系统工作正常，反之 ECU 会判定为故障。

五、汽油颗粒捕捉系统

1. GPF（Gasoline Particulate Filter）汽油颗粒捕集器

GPF（汽油颗粒捕集器）是由传统的流通式三元催化器载体演变而成，但内部结构不同，三元催化器内部是直通式结构，而 GPF 是交错式结构，如图 5-1-9 所示。

汽油颗粒捕集器安装在三元催化器下游，由多孔渗透式过滤层组成，过滤层上有催化涂层，交替贯穿式蜂窝状通道结构封住了直线进口和出口，并推动排气流经多孔渗透过滤层，使排气中的微粒沉积在过滤层表面。

壁流式颗粒捕集器由具有一定孔密度的蜂窝状陶瓷组成，排气流可通过孔道壁面流过，颗粒物分别经过扩散、拦截、重力和惯性四种方式被捕集和过滤。

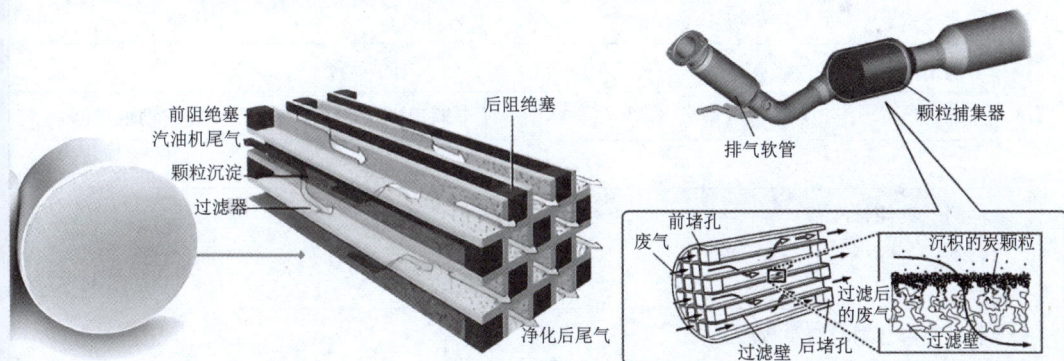

图 5-1-9　GPF 结构原理

2. 压差传感器

压差传感器安装在 GPF 压差管路上。GPF 压差传感器的作用是检测 GPF 过滤器前后的压力差，压差信号被发送至发动机控制模块，模块通过压差信号和其他信号来确定 GPF 过滤器的工作状况。

压差传感器通过压阻式感应元件感应压力变化。压力作用在感应元件的正反两面，机械变形使阻值发生变化，通过惠斯通电桥将阻值变化转化为微小的电压变化，该电压信号经过处理器放大后，通过信号线输出给控制单元。

吉利博越 GPF 压差传感器电路如图 5-1-10 所示，EN97c/1 为传感器信号端子，EN97c/2 为传感器搭铁端子，EN97c/3 为传感器电源端子。

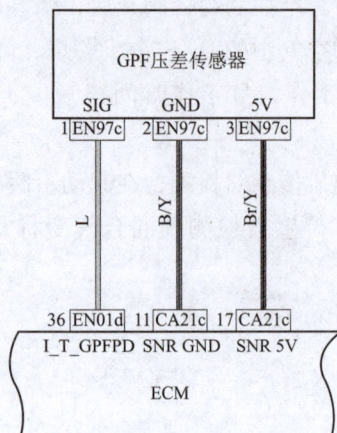

图 5-1-10　吉利博越 GPF 压差传感器电路

任务实施

本任务以吉利博越汽车为例，在车上预设燃油蒸发控制系统故障，要求学生利用所学知识进行检修，并排除相关故障。

任务 5.1　燃油蒸发排放控制系统及曲轴箱通风系统的检修				
姓名：	班级：	学号：		日期：
准备工作	车辆信息			
	品牌：	整车型号：	车辆识别代码：	发动机型号：
	检测工具耗材准备：			
	制订检修计划及组员分工：			
检修过程	第一步：炭罐电磁阀外观的检查		□正常　□异常	
		元件端子	ECM 端子	功能	导线颜色

续表

<table>
<tr><td rowspan="30">检
修
过
程</td><td colspan="5">第二步：炭罐电磁阀内阻的检测</td></tr>
<tr><td>检测端子</td><td>检测条件</td><td>标准值</td><td>测量值</td><td>结果分析</td></tr>
<tr><td></td><td></td><td></td><td></td><td>□正常　□异常</td></tr>
<tr><td colspan="5">第三步：炭罐电磁阀供电电路的检测</td></tr>
<tr><td>检测端子</td><td>检测条件</td><td>标准值</td><td>测量值</td><td>结果分析</td></tr>
<tr><td></td><td></td><td></td><td></td><td>□正常　□异常</td></tr>
<tr><td colspan="5">第四步：炭罐电磁阀控制信号电路的检测</td></tr>
<tr><td>检测端子</td><td>检测条件</td><td>标准值</td><td>测量值</td><td>结果分析</td></tr>
<tr><td></td><td></td><td></td><td></td><td>□正常　□异常</td></tr>
<tr><td colspan="5">第五步：炭罐电磁阀控制信号波形的检测</td></tr>
<tr><td>检测端子</td><td>检测条件</td><td>正表笔连接</td><td>负表笔连接</td><td>结果分析</td></tr>
<tr><td></td><td></td><td></td><td></td><td>□正常　□异常</td></tr>
<tr><td colspan="2">标准波形</td><td colspan="3">检测波形</td></tr>
<tr><td colspan="5">

</td></tr>
<tr><td colspan="5">第六步：故障结论和分析</td></tr>
<tr><td colspan="2">元件损坏名称：</td><td colspan="3">维修建议：□更换　□维修　□调整</td></tr>
<tr><td colspan="2">线路故障区间：</td><td colspan="3">维修建议：□更换　□维修　□调整</td></tr>
<tr><td colspan="2">其他：</td><td colspan="3"></td></tr>
</table>

检验与评估

<table>
<tr><td colspan="4" align="center">燃油蒸发控制系统及曲轴箱通风系统的检修评价表</td></tr>
<tr><td>姓名：</td><td>班级：</td><td colspan="2">学号：</td></tr>
<tr><td colspan="2">自评：□合格　□不合格</td><td colspan="2">师评：□合格　□不合格</td></tr>
<tr><td colspan="2">互评：□合格　□不合格</td><td colspan="2">日期：</td></tr>
</table>

燃油蒸发控制系统及曲轴箱通风系统的检修评分细则

序号	评分项	得分条件	分值	评分要求	自评	互评	师评
1	专业知识	□1. 能描述燃油蒸发控制系统的作用 □2. 能描述燃油蒸发控制系统的结构及工作原理 □3. 能描述曲轴箱通风系统的作用 □4. 能描述曲轴箱通风系统的结构及工作原理 □5. 能描述废气再循环系统的作用及工作原理 □6. 能描述二次空气喷射系统的作用及工作原理 □7. 能描述汽油颗粒捕捉系统的作用及工作原理	40	未完成1项扣6分，扣分不得超过40分			
2	专业技能能力	□1. 车辆安全防护、基本信息登记 □2. 车辆油、水、电的基本检查 □3. 碳罐电磁阀外观的检查 □4. 碳罐电磁阀内阻的检测 □5. 碳罐电磁阀供电电路的检测 □6. 碳罐电磁阀控制信号电路的检测 □7. 碳罐电磁阀控制信号波形的检测	50	未完成1项扣8分，扣分不得超过50分			
3	安全与素养	□1. 能积极主动参与学习，独立查阅资料 □2. 能与小组成员分工合作，不影响学习进度 □3. 能展示、分享小组学习成果 □4. 能独立规范操作 □5. 能正确使用维修、检验工具 □6. 能进行三不落地操作 □7. 能进行工位7S操作	10	未完成1项扣2分，扣分不得超过10分			
合计			100				

任务 5.2　三元催化转化器与氧传感器及控制电路的检修

任务导入

有一辆吉利博越汽车发动机怠速不稳，发动机故障灯异常点亮。维修技师判断该故障可能发生在三元催化转化器及氧传感器，请你对该车的三元催化转化器及氧传感器进行全面检查，并排除故障。

任务目标

※知识目标

1. 能描述三元催化转化器的作用和工作过程。
2. 能描述氧传感器的类型、工作原理和各标准参数。

※能力目标

1. 能通过与客户交流、查阅相关维修技术资料等方式获取车辆信息。
2. 能就车找到三元催化转化器，并进行就车检查。
3. 能就车找到氧传感器，并对其类别进行判断，能看懂原理图与电路图。
4. 能对三元催化转化器及氧传感器进行维修更换作业，并能对发动机进行测试、检查及评估修复质量。

※素养目标

1. 具备独立进行资料信息查询的能力。
2. 具备一定的展示、分享的能力。
3. 具备一定的比较、分析、判断的能力。
4. 养成严谨的工作态度。

相关知识

一、三元催化转化控制系统

1. 功能

三元催化转化控制系统的功用主要是通过三元催化转化器和氧传感器来实现的。三元催化转化器是安装在排气系统中最重要的机外净化装置，其功能是利用转化器中三元催化剂的作用，将发动机排出废气中的有害气体，如碳氢化合物（HC）、一氧化碳（CO）、氮氧化合物（NO_x）转变为无害二氧化碳（CO_2）、水（H_2O）及氮气（N_2）。

2. 三元催化转化器的结构和工作原理

（1）结构

三元催化转化器一般由壳体和滤芯组成，如图5-2-1所示。

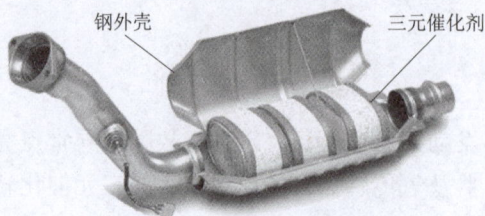

图5-2-1　三元催化器的结构

三元催化转化器壳体由不锈钢材料制成，以防氧化皮脱落造成载体堵塞。其滤芯一般由蜂窝状陶瓷为载体，在陶瓷载体上浸渍或涂覆铂、钯、铑等贵金属作为催化剂，滤芯的外表面通常用钢丝包裹。

（2）工作原理

当发动机排出的废气经过三元催化转化器时，三元催化转化器中的钯和铂催化剂就会促使HC与CO氧化生成水蒸气和CO_2，铑催化剂会促使NO_x还原为N_2和O_2，如图5-2-2所示。

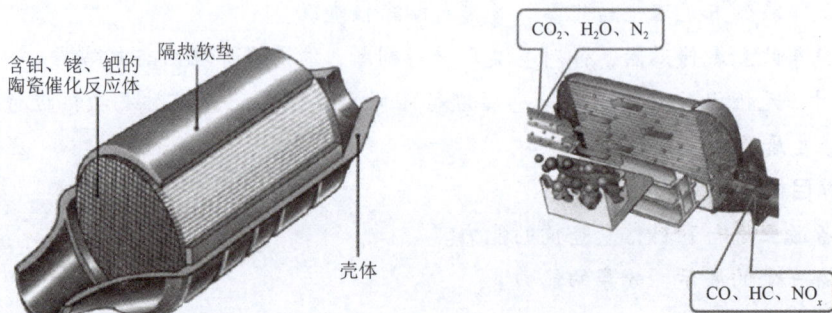

图5-2-2　三元催化转化器的工作原理

3. 影响三元催化转化器转换效率的因素

三元催化转化器只有当发动机空燃比控制在14.7附近，工作温度达到400~800℃时，才能有效地减少CO、HC和NO_x的排放，并保持较长的寿命。三元催化转化器的转化效率与空燃比的关系如图5-2-3所示。由于三元催化转化器内发生了氧化还原化学反应，故经过三元催化转化器的排气温度会升高大约40℃，依此可判断三元催化转化器的工作情况。当发动机缺缸时，未燃烧的混合气会在三元催化转化器中二次燃烧，导致三元催化转化器温度升高到1 000℃以上，造成严重损伤。因三元催化转化器内部是以蜂窝陶瓷作为载体，故应避免碰撞，防止陶瓷体碎裂。

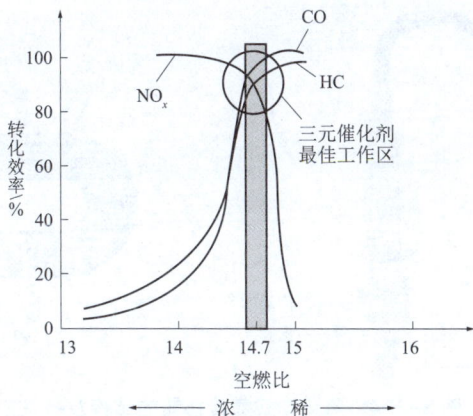

图 5-2-3 三元催化转化器的转化效率与空燃比的关系

二、氧传感器

1. 氧传感器的功能

氧传感器（Oxygen Sensor，O_2S）安装在发动机排气管上，通常在三元催化转化器前、后各一个。前氧传感器也称为空燃比传感器，其功用是监测排气中氧离子含量，获得混合气的空燃比信号，并将该信号转变为电信号输入 ECU。ECU 根据氧传感器信号，对喷油时间进行修正，实现空燃比反馈控制（闭环控制），将空燃比控制在理论值 14.7∶1 附近；后氧传感器主要用于检测经三元催化转化器转化后的废气中的氧含量，以监测三元催化转化器的工作情况。

2. 氧传感器的类型

氧传感器根据工作原理的不同，可分为氧化锆（ZrO_2）式、氧化钛（TiO_2）式和线性宽频式三种。

（1）氧化锆式氧传感器

氧化锆式氧传感器的结构及特性如图 5-2-4 所示，其基本元件是氧化锆管，氧化锆管固定在带有安装螺纹的固定套内，在氧化锆管的内、外表面均覆盖着一薄层铂作为电极，传感器内侧通大气，外侧直接与排气管中的废气接触。在氧化锆管外表面的铂层上，还覆盖着一层多孔的陶瓷涂层，并加有带槽口的防护套管，用来防止废气对铂电极产生腐蚀；在传感器的线束插接器端有金属护套，其上设有小孔，以便使氧化锆管内侧通大气。

氧化锆管内外两侧表面的氧含量不平衡，氧离子从含氧量高的一侧向含氧量低的一侧扩散，由于锆管内、外侧氧含量不一致，存在浓度差，因而氧离子从大气侧向排气侧扩散，从而使锆管成为一个微电池，在两铂极间产生电压。

当混合气较浓时，排气中的氧含量极少，氧化锆管内外侧氧的浓度差大，产生一个较高的电压（约为 0.9 V）；当混合气较稀时，排气中含有较多的氧，氧化锆管内外侧氧的浓度差较小，产生的电压也较低（约为 0.1 V）；当混合气浓度为理论空燃比时，氧传感器信号电压

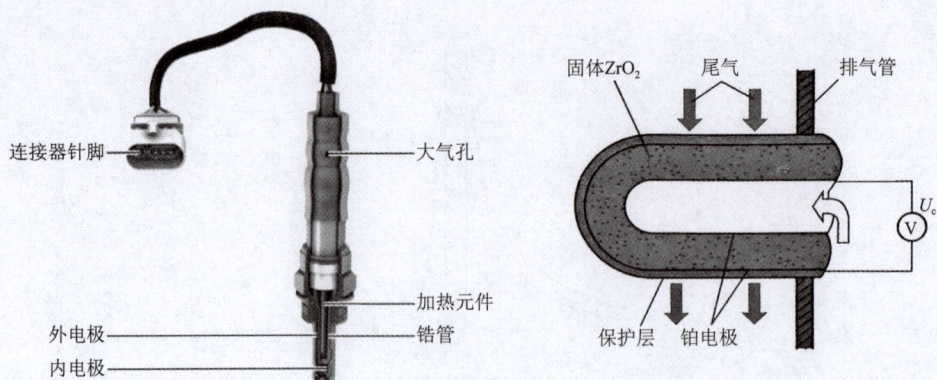

图 5-2-4　氧化锆式氧传感器的结构及特性

约为 0.45 V。

实际上要准确地保持混合气浓度为理论空燃比是不可能的，反馈控制只能使混合气在理论空燃比附近一个较小的范围内波动，故氧传感器的输出电压在 0.1~0.9 V 内不断变化（通常每 10 s 内变化 8 次以上），如图 5-2-5 所示。如果氧传感器输出的电压变化过缓（每 10 s 少于 8 次）或电压保持不变（不论保持在高电位或低电位），则表明氧传感器有故障，需检修。

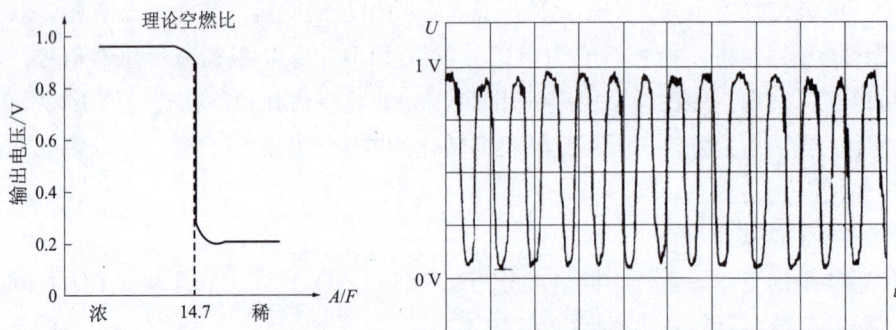

图 5-2-5　氧化锆式氧传感器特性

由于氧化锆式氧传感器在 300℃ 以上的环境中才能输出稳定的信号电压，因此在氧化锆管式氧传感器内部有一个电加热器，保证氧传感器在低温时能很快地投入工作，从而减少排放中的有害气体。

现在的发动机通过三元催化转化器前、后两个氧传感器来监测三元催化转化器的工作情况。一般来说，当转化器工作正常时，后氧传感器的信号波动明显很小。随着转化效率的降低，尤其是在三元催化转化器老化之后，后氧传感器的信号波动幅度及频率明显增大，当后氧传感器的信号波形与前氧传感器的信号波形接近时，表示三元催化转化器已经失效，如图 5-2-6 所示。

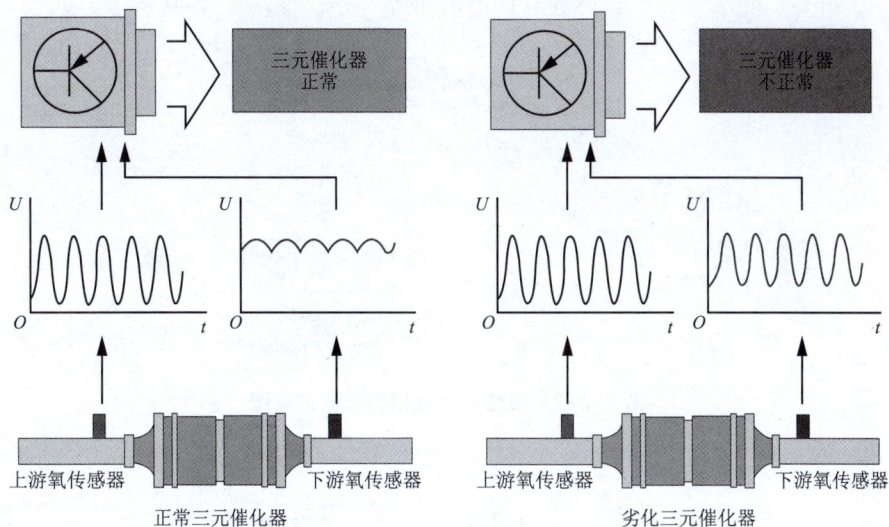

图 5-2-6　三元催化器转化器的监测

（2）氧化钛式氧传感器

氧化钛式氧传感器是利用半导体材料氧化钛的电阻值随排气中氧浓度的变化而改变的特性制成的，是一种电阻型氧传感器，主要由二氧化钛管、传感器保护套、钢质壳体、加热元件和电极引线等组成，外形与氧化锆式氧传感器相似。

二氧化钛材料的电阻随排气中氧离子浓度的变化而变化，利用这个特性，氧化钛式氧传感器的信号源相当于一个可变电阻，故又称为电阻型氧传感器。当工作温度达到 600℃，发动机排出废气中的氧含量较高时，二氧化钛的电阻值增大；当发动机排出废气中的氧含量较低时，二氧化钛的电阻值减小。利用适当的电路对电阻值变量进行处理，即可转换成电压信号输送给 ECU，用来确定实际的空燃比。在实际的反馈控制过程中，二氧化钛式氧传感器与 ECU 连接端子上的电压在 0.1~0.9 V 内不断变化。

（3）线性宽频式氧传感器

普通氧传感器只能在 $A/F = 14.7∶1$ 或 $\lambda = 1$ 的附近精确测量，检测范围较小，不能准确地检测出混合气的浓度。现代汽车为了提高经济性，尤其是稀薄燃烧技术的发展，空燃比变化达到 10~20，相当于 0.686~1.405 宽的过量空气系数的变化，传统的氧传感器已不能满足要求，取而代之的是控制精度更高、检测范围更广的线性宽频式氧传感器。

线性宽频式氧传感器能够在较宽的空燃比范围内检测尾气中的氧浓度，其是在普通氧化锆式氧传感器基础上扩展而来的，由测量室、单元泵、加热器及调节电阻等组成，如图 5-2-7 所示。

如果混合气太浓，那么排气中含氧量下降，此时从扩散孔溢出的氧气较多，测量室的氧气量少，导致电极电压值超过 450 mV，如图 5-2-8 所示。为平衡发动机控制单元，则供给单元泵负向工作电流，使单元泵旋转，向测量室中泵入氧气，这样将使电极电压值恢复到 450 mV。单元泵所需工作电流的大小与排气中氧气的浓度密切相关，即混合气越浓，排气中氧气越少，工作电流越大，泵氧效率越高。此外，控制单元可将单元泵的工作电流折算成电压信号，此电压为 1~1.5 V，同时减少喷油量，如图 5-2-9 所示。

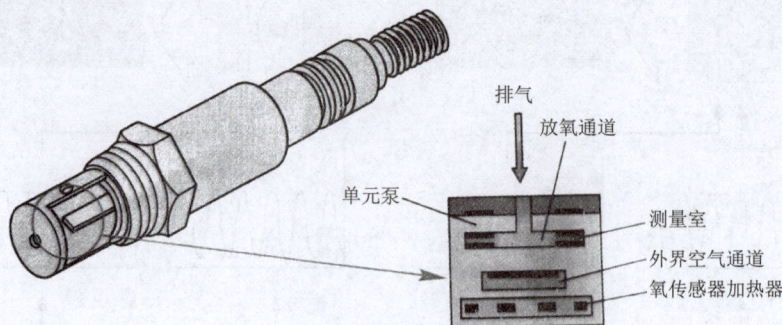

图 5-2-7　线性宽频式氧传感器结构图

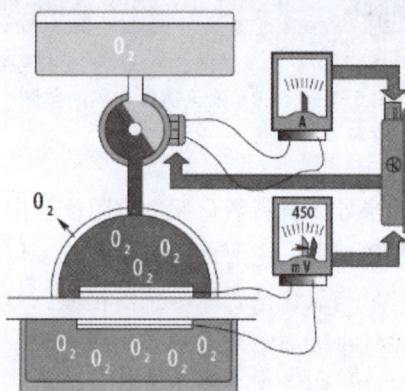

图 5-2-8　混合气过浓时的状态

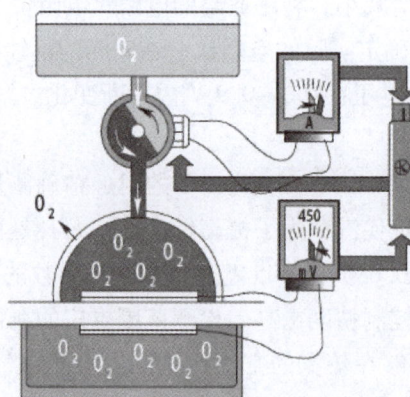

图 5-2-9　混合气过浓时的调节

　　如果混合气太稀，则排气中的含氧量增加，这时氧气要从扩散孔进入测量室，测量室中氧气的含量较多，电极电压降低，如图 5-3-10 所示。此时，为达到平衡发动机控制单元供给单元泵正向工作电流，使单元泵反向旋转，向外排出氧气来平衡测量室中的含氧量，使电极电压值尽快恢复到 450 mV 的电压值。此外，其工作电流的大小也由排气中氧气的浓度决定。单元泵的工作电流传递给控制单元后，控制单元将其折算成电压信号，此电压

为 1.2~2.0 V，如图 5-3-11 所示。

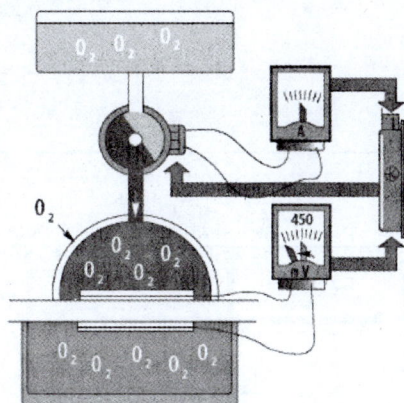

图 5-2-10 混合气过稀时的状态

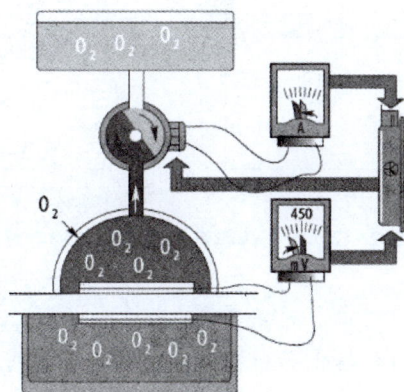

图 5-2-11 混合气过稀时的调节

3. 氧传感器的检修

吉利博越汽车发动机排气管上安装有两个氧传感器，其电路图如图 5-2-12 所示。

上游氧传感器为新型宽带型氧传感器，有 5 根线，EN26d/4 为加热器 12 V 电源端子，EN26d/3 为加热器 ECU 控制的搭铁端子，EN26d/5 为传感器电源端子，EN26d/1 为传感器信号端子，EN26d/2 为传感器搭铁端子。

下游氧传感器为普通加热式氧传感器，有 4 根线，EN27f/1 为加热器 12 V 电源端子，EN27f/3 加热器 ECU 控制的搭铁端子，EN27f/4 为传感器信号端子，EN27f/2 为传感器搭铁端子。

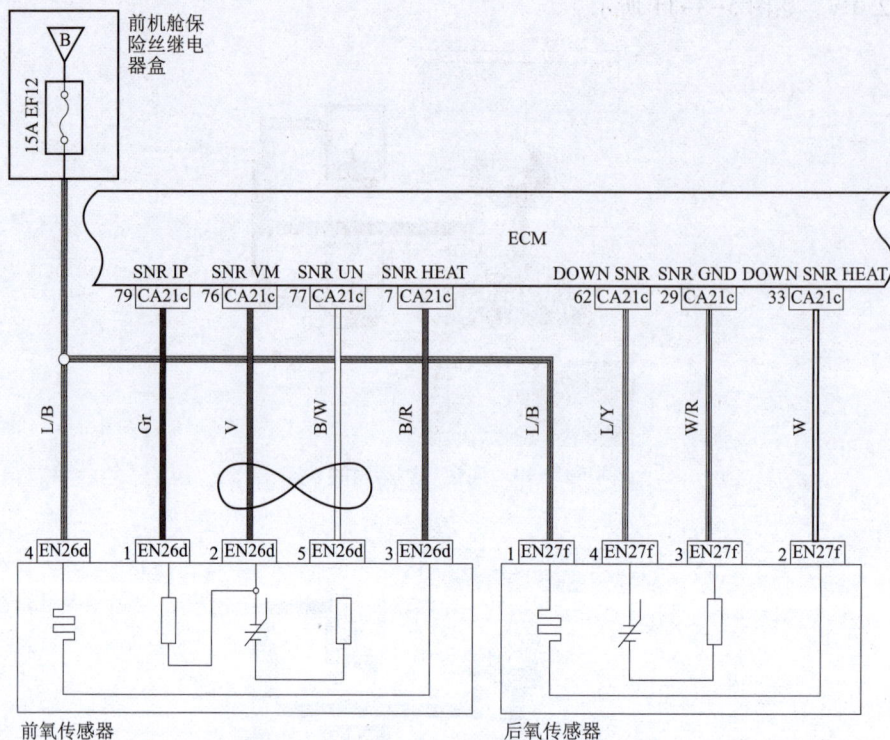

图 5-2-12　吉利博越汽车氧传感器的电路图

知识拓展

排气控制系统中的三元催化转化器和氧传感器对汽车起到至关重要的作用。由于燃油中含有硫、磷等有害物质，故燃烧后会在氧传感器表面和三元催化转化器内部形成化学结合物。另外，由于驾驶人的不良驾驶习惯，或者长期行驶在拥堵路面，发动机经常处于不完全燃烧状态，会在氧传感器和三元催化转化器内形成积炭，造成三元催化转化器中毒、堵塞、转化率低下甚至失效。因此，定期清洗三元催化转化器是非常有必要的。另外，三元催化转化器主要载体是由贵重金属构成的，价格十分昂贵，故养护三元催化转化器也是降低用车成本的有效方法。

三元催化转化器的清洗方法比较多，在此仅介绍一种利用三元催化转化器清洗剂就车清洗的方法。利用三元催化转化器清洗剂清洗三元催化转化器，需要采用专门的清洗工具，类似医院输液，又称为"打吊瓶"，如图 5-2-13 所示。清洗液通过工具由进气真空管被吸入发动机，通过燃烧室、排气管到达三元催化转化器，在一定温度下，与三元催化转化器表面的覆盖物发生化学反应，以达到清洁目的。清洗步骤如下：

1）起动发动机，待冷却液温度正常后熄灭发动机；

2）将清洗剂与专用设备连接，将设备输出接头与真空管连接；

3）起动发动机，将转速控制在 2 000 r/min 左右，打开流量控制阀，将清洗剂缓慢滴入进气道，清洗时间为 30~40 min；

4）清洗完毕后保持发动机转速 3~5 min，以排出残液。

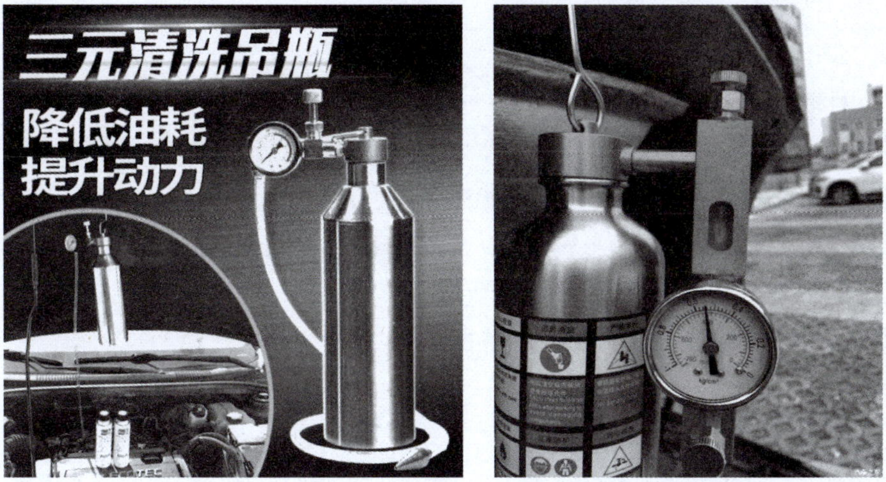

图 5-2-13　三元催化转化器就车清洗

任务实施

本任务以吉利博越汽车为例，在车上预设氧传感器故障，要求学生利用所学知识进行检修，并排除相关故障。

<table>
<tr><th colspan="9">任务 5.2　三元催化转化器与氧传感器及控制电路的检修</th></tr>
<tr><td colspan="2">姓名：</td><td colspan="2">班级：</td><td colspan="3">学号：</td><td colspan="2">日期：</td></tr>
<tr><td rowspan="5">准备工作</td><td colspan="8">车辆信息</td></tr>
<tr><td>品牌：</td><td colspan="2">整车型号：</td><td colspan="3">车辆识别代码：</td><td colspan="2">发动机型号：</td></tr>
<tr><td></td><td colspan="2"></td><td colspan="3"></td><td colspan="2"></td></tr>
<tr><td colspan="8">检测工具耗材准备：</td></tr>
<tr><td colspan="8">制订检修计划及组员分工：</td></tr>
<tr><td rowspan="7">检修过程</td><td colspan="3">第一步：前氧传感器外观的检查</td><td colspan="5">□正常　□异常______</td></tr>
<tr><td colspan="3" rowspan="6">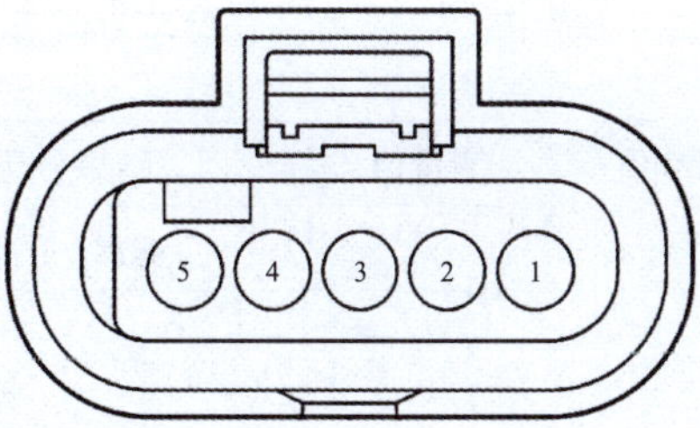</td><td>元件端子</td><td>ECM 端子</td><td colspan="2">功能</td><td>导线颜色</td></tr>
<tr><td></td><td></td><td colspan="2"></td><td></td></tr>
<tr><td></td><td></td><td colspan="2"></td><td></td></tr>
<tr><td></td><td></td><td colspan="2"></td><td></td></tr>
<tr><td></td><td></td><td colspan="2"></td><td></td></tr>
<tr><td></td><td></td><td colspan="2"></td><td></td></tr>
</table>

<table>
<tr><td rowspan="100">检修过程</td><td colspan="5">第二步：前氧传感器加热丝内阻的检测</td></tr>
</table>

	检测端子	检测条件	标准值	测量值	结果分析
					□正常 □异常

第三步：前氧传感器加热丝供电电路的检测

检测端子	检测条件	标准值	测量值	结果分析
				□正常 □异常

第四步：前氧传感器加热丝控制电路的检测

检测端子	检测条件	标准值	测量值	结果分析
				□正常 □异常

第五步：前氧传感器供电电路的检测

检测端子	检测条件	标准值	测量值	结果分析
				□正常 □异常

第六步：前氧传感器搭铁电路的检测

检测端子	检测条件	标准值	测量值	结果分析
				□正常 □异常

第七步：前氧传感器信号电路的检测

检测端子	检测条件	标准值	测量值	结果分析
				□正常 □异常

第八步：后氧传感器外观的检查　　□正常　□异常＿＿＿＿＿

元件端子	ECM 端子	功能	导线颜色

第九步：后氧传感器加热丝内阻的检测

检测端子	检测条件	标准值	测量值	结果分析
				□正常 □异常

第十步：后氧传感器加热丝供电电路的检测

检测端子	检测条件	标准值	测量值	结果分析
				□正常 □异常

续表

<table>
<tr><td rowspan="30">检修过程</td><td colspan="5">第十一步：后氧传感器加热丝控制电路的检测</td></tr>
<tr><td>检测端子</td><td>检测条件</td><td>标准值</td><td>测量值</td><td>结果分析</td></tr>
<tr><td></td><td></td><td></td><td></td><td>□正常　□异常</td></tr>
<tr><td colspan="5">第十二步：后氧传感器搭铁电路的检测</td></tr>
<tr><td>检测端子</td><td>检测条件</td><td>标准值</td><td>测量值</td><td>结果分析</td></tr>
<tr><td></td><td></td><td></td><td></td><td>□正常　□异常</td></tr>
<tr><td colspan="5">第十三步：后氧传感器信号电路的检测</td></tr>
<tr><td>检测端子</td><td>检测条件</td><td>标准值</td><td>测量值</td><td>结果分析</td></tr>
<tr><td></td><td></td><td></td><td></td><td>□正常　□异常</td></tr>
<tr><td colspan="5">第十四步：前、后氧传感器信号波形对比的检测</td></tr>
<tr><td>检测端子</td><td>检测条件</td><td>正表笔连接</td><td>负表笔连接</td><td>结果分析</td></tr>
<tr><td></td><td></td><td></td><td></td><td>□正常　□异常</td></tr>
<tr><td colspan="2">前氧传感器信号波形</td><td colspan="3">后氧传感器信号波形</td></tr>
</table>

第九步：故障结论和分析

元件损坏名称：	维修建议：□更换　□维修　□调整
线路故障区间：	维修建议：□更换　□维修　□调整
其他：	

检验与评估

三元催化转化器与氧传感器及控制电路的检修评价表		
姓名：	班级：	学号：
自评：□合格　□不合格		师评：□合格　□不合格
互评：□合格　□不合格		日期：

		三元催化转化器及氧传感器及控制电路的检修评分细则					
序号	评分项	得分条件	分值	评分要求	自评	互评	师评
1	专业知识	□1. 能描述三元催化转化器的作用及工作原理 □2. 能描述三元催化转化器的结构及工作条件 □3. 能描述三元催化转化器的检测方法 □4. 能描述氧传感器的功用 □5. 能描述氧传感器的类型及安装位置 □6. 能描述氧传感器的工作原理	40	未完成 1 项扣 8 分，扣分不得超过 40 分			
2	专业技能能力	□1. 车辆安全防护、基本信息登记 □2. 车辆油、水、电的基本检查 □3. 前氧传感器外观的检查 □4. 前氧传感器搭铁电路的检测 □5. 前氧传感器供电电路的检测 □6. 前氧传感器信号电路的检测 □7. 后氧传感器外观的检查 □8. 后氧传感器搭铁电路的检测 □9. 后氧传感器供电电路的检测 □10. 后氧传感器信号电路的检测	50	未完成 1 项扣 6 分，扣分不得超过 50 分			
3	安全与素养	□1. 能积极主动参与学习，独立查阅资料 □2. 能与小组成员分工合作，不影响学习进度 □3. 能展示、分享小组学习成果 □4. 能独立规范操作 □5. 能正确使用维修、检验工具 □6. 能进行三不落地操作 □7. 能进行工位 7S 操作	10	未完成 1 项扣 2 分，扣分不得超过 10 分			
合计			100				

任务 5.3　汽车尾气的检测与分析

任务导入

有一辆吉利博越汽车发动机怠速不稳，发动机故障灯异常点亮。维修技师判断该故障可能发生在排放控制系统，请你对该车的尾气进行检测，并分析尾气。

任务目标

※知识目标

1. 能描述汽车排放污染物的成分及产生原因。
2. 能描述汽油发动机的排放标准。
3. 能描述汽油发动机排放污染物的检测方法。

※能力目标

1. 能通过与客户交流、查阅相关维修技术资料等方式获取车辆信息。
2. 能对汽油机进行尾气的检测。
3. 能对检测结果进行判断和分析故障原因。

※素养目标

1. 具备独立进行资料信息查询的能力。
2. 具备一定的展示、分享的能力。
3. 具备一定的比较、分析、判断的能力。
4. 养成严谨的工作态度。

相关知识

一、汽车排放污染物

1. 汽车排放污染物的种类与来源

汽车排放的主要污染物有一氧化碳（CO）、碳氢化合物（HC）、氮氧化合物（NO_x）、二氧化碳（CO_2）和微粒（PM）。绝大多数污染物出现在废气中，少量 HC 来自曲轴箱和燃料系统泄漏的燃料及机油蒸发物，包括气缸窜入曲轴箱的燃气。汽油机的主要污染物是CO、NO_x 和 HC，用含铅汽油还会产生铅污染。柴油机最重要的排气污染物是 PM 和 NO_x，柴油机与汽油机排放污染物对比情况见表 5-3-1。

表 5-3-1　柴油机与汽油机排放污染物对比情况

污染物种类	柴油机	汽油机	备注
CO/%	<0.5	<10	汽油机为柴油机的 20 倍以上
HC/$\times 10^{-6}$	<500	<3 000	汽油机为柴油机的 5 倍以上
NO_x/$\times 10^{-6}$	1 000~4 000	2 000~4 000	两者相当
PM/（$g \cdot km^{-1}$）	0.5	0.01	柴油机为汽油机的 50 倍以上

（1）一氧化碳 CO

CO 是烃燃料燃烧的副产品，是在燃烧室内，由于混合气中氧气不足造成的，混在内燃机废气中排出。当汽车负载过大、慢速行驶时或急速运转时，燃料不能充分燃烧，废气中 CO 含量会明显增加。CO 是一种化学反应能力低的无色无味的窒息性有毒气体，对人体有害。

（2）碳氢化合物 HC

HC 排放物本质上就是未燃烧的燃油，即便发动机状态良好，点火与燃油系统正常工作也会产生一些 HC，当然，这些 HC 经过良好的三元催化转化器后几乎被完全转化。汽车尾气的 HC 来自三种排放源。对一般汽油发动机来说，约 60% 的 HC 来自发动机尾气排放，20%~25% 来自曲轴箱的泄漏，其余的 15%~20% 来自燃油系统的蒸发。排气中的 HC 和 NO_x，在一定的地理、温度和气象条件下，经强烈的阳光照射，会发生光化学反应，生成以臭氧（O_3）、醛类为主的过氧化产物，称为光化学烟雾，对人体和建筑物都有损害。

（3）氮氧化合物 NO_x

混合气在高温、富氧下燃烧时易形成多种 NO_x，其是 NO、NO_2、N_2O_3 等多种多样的氮氧化物总称。汽油机排气中 NO_x 的浓度相对较小，但在柴油机中可占到排气中总量的 10%~30%。它会刺激人眼黏膜，容易引起结膜炎、角膜炎，严重时还会引起肺气肿。

（4）微粒

微粒（碳烟）是柴油机主要有害排放物之一，产生的主要原因是未充分燃烧。微粒的主要成分是吸附物中有多种多环芳香烃，具有不同的致癌作用。这种微粒由在燃烧时生成的含碳粒子（碳烟）及其表面上吸附的多种有机物组成。

（5）二氧化碳（CO_2）

CO_2 是发动机排气中的一种主要的污染物，本身无毒无味，是正常的燃烧产物，但却是碳排放的重要来源，是"温室效应"的主要成分，备受全球关注。

二、汽车尾气排放标准与检测

1. 汽车尾气排放标准

随着汽车尾气污染的日益严重，汽车尾气排放立法势在必行，世界各国早在 20 世纪

60—70 年代就对汽车尾气排放建立了相应的法规制度，欧洲和美国都制定了相关的汽车排放标准。欧洲标准是由欧洲经济委员会（ECE）的排放法规和欧共体（EEC）的排放指令共同加以实现的，欧共体（EEC）即欧盟（EU）。排放法规由 ECE 参与国自愿认可，排放指令是 EEC 或 EU 参与国强制实施的。中国大体上采用欧洲标准体系，标准略低于欧标，随着标准的不断加严，中国汽车排放控制标准与世界先进水平的差距也在不断缩小，我国轻型汽车排放标准与欧洲排放标准的实施时间见表 5-3-2。

表 5-3-2　我国轻型汽车排放标准与欧洲排放标准的实施时间

标准	中国实施年份/年	欧洲实施年份/年	相差时间/年
国Ⅰ（欧Ⅰ）	2000	1992	8
国Ⅱ（欧Ⅱ）	2004	1996	8
国Ⅲ（欧Ⅱ）	2007	2000	7
国Ⅳ（欧Ⅳ）	2010	2005	5
国Ⅴ（欧Ⅴ）	2017	2009	8
国Ⅵa（欧Ⅵb）	2020	2014	6
国Ⅵb（欧Ⅵc）	2023	2017	6

欧洲汽车的排放标准基本每过 6 年就会升级一次，更换更严格的排放标准，欧Ⅴ排放标准在 2009 年就在欧洲开始实施了，一直过了 8 年到 2017 年，中国才开始实施国Ⅴ的排放。随着汽车保有量的上涨，大气污染日益严重，国Ⅴ排放标准实行还不到 3 年，国Ⅵ的排放就已经有计划了。《轻型汽车污染物排放限值及测量方法（中国第六阶段）》即轻型车国Ⅵ标准，标准设置国Ⅵa 和国Ⅵb 两个排放限值方案，分别于 2020 年 7 月 1 日和 2023 年 7 月 1 日实施。国Ⅵ标准是目前世界上最严格的排放标准之一，见表 5-3-3。

表 5-3-3　国五、国六排放限值对比

mg/km

排放物	国Ⅴ（汽油车）	国Ⅵa	国Ⅵb
一氧化碳	1 000	700	500
非甲烷烃	68	68	35
氮氧化物	60	60	35
PM 细颗粒物	4.5	4.5	3

2. 汽油发动机尾气检测方法

与国Ⅴ排放标准相比，国Ⅵ排放标准新增了联网核查、外观检验、OBD 检查、燃油蒸发检测：

1）明确了汽车排放检验包括新生产汽车下线检验、注册登记检验、在用汽车检验、监督抽测等，废止了现有相关地方标准。

2）明确了在全国范围内进行的汽车环保定期检验应采用本标准规定的简易工况法进行，对无法使用简易工况法的车辆，可采用双怠速法进行。

3）新增了稳态工况法检测时，测定过量空气系数。

4）双怠速工况法：怠速和高怠速工况的速度误差范围从±100 r/min 改为±200 r/min。

5）稳态工况法：速度误差范围从±1.5 km/h 改为±2.0 km/h；ASM5025 和 ASM2540 单个工况的累计最大时长不能超过 145 s；单个工况时间增加了 5 s（新标准工况时长为 80 s，旧标准为 75 s）；新标准快速工况开始时间为 $t = 10$ s，旧标准为 $t = 15$ s；有效数据的速度误差范围从±0.5 km/h 改为±1.0 km/h；对于检测结果判定变化，新标准规定了 ASM5025 工况下任何一种污染物在 10 s 排放平均值经修正后大于限值但不大于限值的 5 倍，不判定为不合格，进入 ASM2540，测试合格，判定为合格。

6）明确了测试过程中，对混合动力车辆不做 CO 与 CO_2 浓度之和小于 6%的要求。

7）明确了新生产汽车下线关于新定型混合动力电动汽车、注册登记和在用汽车关于混合动力电动汽车的检测模式。

3. 汽油机尾气分析

汽油机尾气分析是对发动机的燃烧状况进行综合评价，主要分析内容有混合气空燃比点火正时及三元催化转化器效率等，主要分析的参数有 CO、HC、CO_2 和 O_2 等的含量，还有空燃比（A/F）或过量空气系数 λ 等。

（1）尾气分析仪

汽油机尾气分析需要使用尾气分析仪，如图 5-3-1 所示。尾气分析仪可检测多种气体，常见的为四气体或五气体。五种气体的检测仪也称为五气分析仪，它可测量 HC、CO、CO_2、NO 和 O_2 五种气体成分，其中 HC、CO、CO_2 采用不分光红外法（NDIR）测量，而 O_2 和 NO 采用电化学法测量。同时，还能测量大气温度、大气压力、发动机转速和排气温度等参数，并能显示空燃比（或 λ）值。

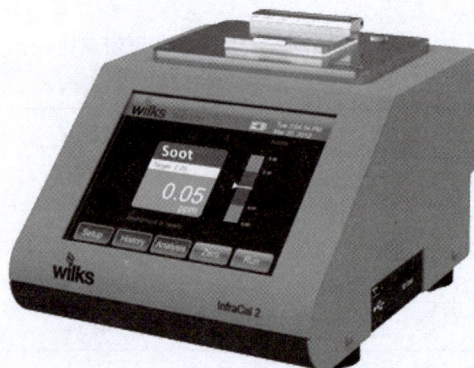

图 5-3-1　汽车尾气分析仪

（2）尾气超标分析

电控汽油机在怠速工况下，其尾气排放的主要成分中 HC 大约为 55×10^{-6} 以下，CO 低于 0.5%，O_2 为 1.0%~2.0%，CO_2 为 13.8%~14.8%。尾气中的 CO、HC、NO_x 浓度与空燃比的关系如图 5-3-2 所示。

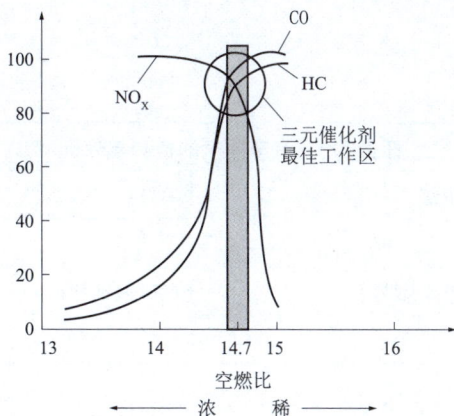

图 5-3-2 尾气中的 CO、HC、NO_x 浓度与空燃比的关系

在进行废气分析前，首先要有该车型发动机在不同工作状况下废气排放浓度正常值的资料，然后通过被检测汽车实际废气排放值与正常值的比较，用于辅助判断发动机各系统故障。

尾气中 CO_2 可以反映出燃烧的效率，当发动机中的混合气充分燃烧时，CO_2 将达到峰值。O_2 是反映空燃比的最好指标，如果混合气过浓，O_2 的读数就低，CO 的读数就高；如果混合气过稀，O_2 的读数就高，CO 的读数就低。HC 的读数高，则说明燃油没有充分燃烧、气缸压力不足、发动机温度过低、油箱中的燃油蒸发、混合气由燃烧室向曲轴箱泄漏、混合气过浓或过稀、点火正时不对、间歇性失火、冷却液温度传感器不良、喷油器泄漏或堵塞以及油压过高或过低等。CO 是由燃烧不完全引起的，混合气过浓将产生大量的 CO，混合气过稀引起失火，将生成过多的 HC。如果发动机的 CO 过高，则很可能是喷油器漏油、燃油压力过高或电控系统产生了故障。尾气排放的综合分析见表 5-3-4。

表 5-3-4 尾气排放的综合分析

CO	HC	CO_2	O_2	故障原因
低	很高	低	低	间歇性失火
低	很高	低	低	气缸压力不正常
很高	很高/高	低	低	混合气过浓
很低	很高/高	低	很高/高	混合气过稀
高	低	正常	正常	点火太迟
低	高	正常	正常	点火太早
变化	变化	低	正常	EGR 阀泄漏
很低	很低	很低	很高	燃油喷射系统有故障
低	低	低	高	排气管漏气

任务实施

<table>
<tr><td colspan="5" align="center">任务 5.3 汽车尾气的检测与分析</td></tr>
<tr><td colspan="2">姓名：</td><td>班级：</td><td>学号：</td><td>日期：</td></tr>
<tr><td rowspan="6">准备工作</td><td colspan="4">车辆信息</td></tr>
<tr><td>品牌：</td><td>整车型号：</td><td>车辆识别代码：</td><td>发动机型号：</td></tr>
<tr><td></td><td></td><td></td><td></td></tr>
<tr><td colspan="4">检测工具耗材准备：</td></tr>
<tr><td colspan="4">制订检修计划及组员分工：</td></tr>
<tr><td colspan="4"></td></tr>
</table>

<table>
<tr><td rowspan="20">检修过程</td><td colspan="4">第一步：起动机待测车辆暖机</td></tr>
<tr><td colspan="2">水温达到（   ）℃以上
机油温度达到（   ）℃以上</td><td colspan="2">是否完成
□ 是 □ 否
未能完成原因：
处理意见：</td></tr>
<tr><td colspan="4">第二步：尾气分析仪准备</td></tr>
<tr><td>1. 开机</td><td colspan="3" align="center">检测条件</td></tr>
<tr><td rowspan="2">检测方法：</td><td align="center">检测值</td><td align="center">标准值</td><td align="center">是否正常</td></tr>
<tr><td></td><td></td><td></td></tr>
<tr><td>2. 暖机</td><td colspan="3" align="center">检测条件</td></tr>
<tr><td rowspan="2">检测方法：</td><td align="center">检测值</td><td align="center">标准值</td><td align="center">是否正常</td></tr>
<tr><td></td><td></td><td></td></tr>
<tr><td>3. 调零</td><td colspan="3" align="center">检测条件</td></tr>
<tr><td rowspan="2"></td><td align="center">检测值</td><td align="center">标准值</td><td align="center">是否正常</td></tr>
<tr><td></td><td></td><td></td></tr>
<tr><td>4. 检漏</td><td colspan="3" align="center">检测条件</td></tr>
<tr><td rowspan="2"></td><td align="center">检测值</td><td align="center">标准值</td><td align="center">是否正常</td></tr>
<tr><td></td><td></td><td></td></tr>
<tr><td colspan="4">第三步：检测尾气数据</td></tr>
<tr><td align="center">正常数值</td><td align="center">检测数值</td><td colspan="2" align="center">是否正常</td></tr>
<tr><td align="center">CO</td><td></td><td></td><td colspan="2">□ 是 □ 否</td></tr>
</table>

续表

检修过程				
	CH			□是 □否
	CO_2			□是 □否
	O_2			□是 □否
	λ			□是 □否
	第四步：诊断结论			
	元件损坏	名称：	维修建议：□更换 □维修 □调整	
	线路故障	区间：	维修建议：□更换 □维修 □调整	
	其他			

检验与评估

汽车尾气的检测与分析评价表

姓名：		班级：		学号：
自评：□合格 □不合格			师评：□合格 □不合格	
互评：□合格 □不合格			日期：	

汽车尾气的检测与分析评分细则

序号	评分项	得分条件	分值	评分要求	自评	互评	师评
1	专业知识	□1. 能描述汽车排放污染物的种类 □2. 能描述汽车排放污染物的产生原因 □3. 能描述汽油机的排放标准 □4. 能描述汽油机排放污染物的检测方法 □5. 能通过尾气检测数据分析故障原因	40	未完成1项扣10分，扣分不得超过40分			
2	专业技能能力	□1. 车辆安全防护、基本信息登记 □2. 车辆油、水、电的基本检查 □3. 车辆暖机 □4. 尾气分析仪的连接 □5. 尾气的检测 □6. 检测结果分析	50	未完成1项扣10分，扣分不得超过50分			
3	安全与素养	□1. 能积极主动参与学习，独立查阅资料 □2. 能与小组成员分工合作，不影响学习进度 □3. 能展示、分享小组学习成果 □4. 能独立规范操作	10	未完成1项扣2分，扣分不得超过10分			

序号	评分项	得分条件	分值	评分要求	自评	互评	师评
		□5. 能正确使用维修、检验工具 □6. 能进行三不落地操作 □7. 能进行工位 7S 操作					
	合计		100				

练习与思考

一、选择题

1. 下列说法不正确的是（　　）。

A. CO 是因氧气不足而生成的产物

B. HC 是燃料没有燃烧或不完全燃烧的产物

C. NO_x 是由空气中的氮和氧在燃烧室高温高压作用下反应生成的

D. 当 $\lambda = 1$ 时，CO、HC、NO_x 的排放含量最低

2. 三元催化转换器的转换效率在空燃比（　　）时的转换效率均比较高。

A. 2：1　　　　　B. 12：1　　　　　C. 14.7：1　　　　　D. 17：1

3. 适当降低气缸内最高温度，可以使（　　）排放减少。

A. NO_x　　　　　B. CO　　　　　C. HC　　　　　D. CO_2

4. （　　）不可以用尾气分析仪检测。

A. CO　　　　　B. HC　　　　　C. NO_x　　　　　D. H_2O

5. 下列说法不正确的是（　　）。

A. 二次空气喷射系统可降低排气中的 HC 和 CO 含量

B. 三元催化转换器可降低排气中的 CO、HC 和 NO_x 含量

C. 燃油蒸气控制系统可以有效防止燃油蒸气泄漏

D. 废气再循环可以降低排气中的 CO 含量

6. 关于氧传感器，下列说法正确的是（　　）。

A. 氧化钛式氧传感器是利用二氧化钛材料的电阻值随排气中氧含量的变化而变化的特性制成的

B. 氧化锆式氧传感器在 500℃ 以上的环境中才能输出稳定的信号电压

C. 线性宽频式氧传感器可以检测到 0.7~2.5 整个范围的空燃比

D. 线性宽频式氧传感器在从稀到浓的整个区域均呈现线性输出特性

二、填空题

1. 活性炭罐燃油蒸发控制系统用来收集燃油箱内_____，并根据发动机工况导入气

缸参加燃烧，从而防止造成污染。燃油蒸气控制系统主要由单向阀、进气管、_____、真空控制阀、定量排放孔和_____等组成。

2. 气缸内最高温度越高，排出的 NO_x 量_____。EGR 系统的功能是将适量的废气重新引入_____参加燃烧，从而可降低气缸内的最高温度，减少 NO_x 的排放量。

3. 曲轴箱强制通风系统的作用就是将窜入_____导入_____，使之重新回到燃烧室参加燃烧，从而降低发动机的排放污染。

4. 汽车排放的污染物主要是来自发动机_____，还包括曲轴箱_____、燃油供给系统蒸发的_____等。

5. 中国汽车排放标准大体上采用_____标准体系，国标略低于_____标，现阶段实行的是国_____排放标准。

6. 线性宽频式氧传感器主要由_____、_____、扩散孔、_____、控制器 A 和 B 及相关电路组成。

7. 三元催化转化器的清洗液通过工具由_____吸入发动机，通过燃烧室、排气管到达_____，在一定温度下，与三元催化转化器表面的覆盖物发生化学反应，以达到清洁的目的。

8. 氧传感器根据工作原理不同，分为_____式、_____式和_____式三种。

9. 柴油机最主要的排气污染物是_____和_____。

10. 尾气中 CO_2 可以反映出燃烧的_____，当发动机中的混合气充分燃烧时，CO_2 将达到峰值。

三、判断题

1. 一般汽车装有 2 个氧传感器，安装在三元催化转化器前、后。 （　　）
2. 气缸内工作温度下降，NO_x 和 CO、HC 的排放量都下降。 （　　）
3. 三元催化转化器中的催化剂一般是铂、铑、钯。 （　　）
4. 氧传感器的工作温度为 400~800℃。 （　　）
5. 线性宽频式氧传感器可以检测到 0.7~2.5 整个范围的空燃比。 （　　）

四、简答题

1. 简述三元催化转化器的功能、结构、工作原理及检修方法。
2. 简述线性宽频式氧传感器的工作原理，并说明其信号参数范围及变化特点。

参 考 文 献

［1］武忠，梁秀梅，张国琛．汽车发动机电控系统检修［M］．北京：机械工业出版社，2021．

［2］周李洪，胡元波．汽车发动机电控系统诊断与修复［M］．北京：高等教育出版社，2021．

［3］刘锐，曲英凯．汽油发动机构造与维修［M］．北京：人民交通出版社，2021．

［4］谢兴景，豆红波．汽车发动机控制系统检修一体化项目教程［M］．上海：上海交通大学出版社，2016．

［5］侯红宾，李卓，平云光．汽车发动机电控系统检修［M］．北京：机械工业出版社，2021．

［6］刘冬生，郭奇峰，韩松畴．汽车发动机电控系统检修［M］．2版．北京：机械工业出版社，2022．